인터넷 입문 중국어

저자 이경규

제이앤씨
Publishing Corporation

인/사/말

안녕하세요! 이 강좌를 담당하는 이경규 교수입니다.

제일 좋은 공부는 강요에 의해서 하는 것이 아니라 스스로 하는 것입니다. 중국 속담에 「勤能補拙 qínnéngbǔzhuō」라는 말이 있습니다. 「근면이 모자란 것을 보충할 수 있다」는 말입니다. 처음 중국어를 배우시려는 분들이나 그간 중국어 공부를 했지만 여러 가지 상황 때문에 원만한 기대를 이루지 못한 분들은 이 속담을 가슴에 새기시기 바랍니다. 우리들 중에 어느 누구도 중국어를 처음부터 잘한 사람은 없습니다.

인터넷 입문 중국어는 중국어를 처음 배우는 사람이나 그동안 중국어를 배웠으나 포기한 적이 있는 사람을 위하여 준비했습니다. 그러므로 강의내용은 한 학기 16주에 맞추어 모두 16과로 하였고 강의 내용은 중국어 입문과정의 중국어 기초 발음부터 시작하여 초급 중국어 수준의 실생활에 필요한 간단한 실용회화로 구성하였습니다. 그리고 한 가지 더 인터넷을 이용하여 학생들 스스로 중국어를 배우는 방법을 제공하려고 합니다. 이렇게 하는 이유는 나중에 여러분들이 학교를 떠나서 중국어를 배우려고 할 때 혼자서도 중국어를 공부할 수 있도록 하기 위한 것입니다. 그러므로 이 강의를 듣고 난 학생들은 언제 어디서나 중국어를 공부할 수 있다는 자신감을 갖게 되기를 바랍니다. 이를 위하여 여러분에게 부탁하고 싶은 것이 있습니다. 우선 가상 강좌의 공부시간을 정해서 스스로 학습하는 습관을 갖고 반드시 중국어 단어장을 만들라는 것입니다. 왜 영어나 독일어 같은 다른 외국어를 공부할 때는 단어장을 만들면서 중국어 단어장은 만들지 않는지요? 여러분들이 다른 과목의 공부를 하면서 오답노트를 정리했듯이 중국어를 4년간 공부하면서 단어장을 잘 활용한다면 여러분 모두 훌륭한 중국어를 할 수 있으리라고 생각합니다. 자 그럼 중국어라는 고기를 잡아 볼까요

목/차

제1강 중국어의 특징과 간체자 ································· 5

제2강 중국어 모음 ································· 11

제3강 중국어 자음 ································· 21

제4강 중국어 성조와 변화 ································· 27

♠제1강~제4강 복습♠ ································· 33

제5강 경성을 이해하기 ································· 45

제6강 인사말 익히기 ································· 53

제7강 이름 묻고 소개하기 ································· 65

제8강 나이 묻기와 GLOBAL IME ································· 75

제9강 전화회화와 "남극성(nj star)" ································· 87

제10강 날짜와 요일 ································· 109

제11강 시간과 계절 ································· 117

제12강 중국돈 셈하기 ································· 129

제13강 중국어 미터법 ································· 139

제14강 비행기 기내에서 ································· 149

제15강 문상(问丧)에 관하여 ································· 159

제16강 문안인사와 중국어 이메일 ································· 167

제1강

중국어의 특징과 간체자

강의목표 :

중국어의 특징을 이해하고

간체자 주요 부수의 형태와 획수를 암기한다.

"간체자 쓰기 연습"은 중국어를 처음 배우는 사람들에게 낯선 한자를 익히는 데 목적이 있다. 하지만 무턱대고 간체자를 쓰는 것이 아니라 「現代汉语频率词典」(北京语言学院出版社)의 「汉字频率表(사용빈도가 높은 한자)」에 나온 2500자에 근거하여 반드시 필요한 한자를 먼저 선택했다. 이것은 우리가 한문을 배울 때 교육부가 교육용 기본한자로 1900자를 정한 것과 같은 이치이다. 이런 간체자들을 먼저 공부하면 다른 간체자들을 보다 효과적으로 공부할 수 있다고 본다.

간체자 쓰기 연습

这 zhè								這 이 저
们 men								們 들 문
来 lái								來 올 래
个 gè								個 낱 개
说 shuō								說 말씀 설
会 huì								會 모일 회
时 shí								時 때 시
国 guó								國 나라 국
过 guò								過 지날 과
为 wèi								爲 할 위

1. 중국어의 특징에 대하여

중국어는 고립어로 "표의문자(表意文字)"인 한자를 써서 나타내며, 글자만으로는 정확한 발음을 알 수가 없습니다. 그래서 최근에는 한자의 발음을 표기하는 방법을 고안해서 사용해 왔으며, 그 대표적인 것이 "한어병음방안"과 "주음부호"입니다. "한어병음방안"은 중국이 문자개혁방안의 일환으로 1958년 중화인민공화국에서 제정 공포된 것으로 현재 중국대륙에서 통용되고 있습니다. 이 방법은 영어의 자음과 모음을 채택하여 중국어의 발음을 표시하도록 한 것입니다. "주음부호"는 대만에서 만든 중국어 발음 표기법입니다. 이 방법은 한자의 부수를 발음부호로 표기하도록 하였으나 지금은 대만에서만 사용하고 있을 정도입니다.

♣ 중국어 한자 표기

중국어 한자표기에는 두 가지 방법이 있습니다. 옛날부터 써오던 정자(正字)인 번체자(繁体字)와 번체자를 약자로 만든 간체자(简体字)가 있습니다. 현재 중국에서는 간체자만을 사용하고 싱가포르나 말레이시아의 화교 신문도 중국의 간체자로 발행되고 있습니다.

간체자(简体字)와 번체자(繁体字)를 좀 더 체계적으로 살펴봅시다.

중국에서는 우리가 배운 정자를 번체자라고 하고 소위 우리가 말하는 약자를 간체자라고 한다고 했지요. 그런데 중국어를 처음 배우는 학생들이 곤란을 겪게 되는 문제 중 하나가 현대중국어 글자체가 과거 우리나라에서 한문 시간에 배우던 자체와는 전혀 다르다는 것입니다. 그래서 여기서는 어떻게 하면 비교적 쉽게 현대중국어에서 사용하는 간체자를 배울 수 있는 가에 대하여 생각해 보려합니다.

중국어의 간체자는 우리가 배웠던 한자의 편방과 완전히 다른 개념에서 만들어졌습니다. 다들 알다시피 과거 중국은 문맹률이 매우 높았고 중국대륙은 공산당의 통치하에서 90%가 넘는 문맹률을 개선하고 한자를 일반인들에게 널리 보급하기 위한 목적으로 간체자를 만들었습니다. 그러므로 기본적으로 과거의 전통적인 한자 부수로는 백성들을 교육하기가 부적합하여 소위 한자의 육서(六书) 원칙을 무시한 새로운 개념의 글자체를 만든 것이지요.

기본적으로 현대중국어는 간체자의 획순을 글씨를 쓰기 시작할 때의 첫 획을 기준으로 하여 5가지의 기본 형태로 분류합니다. 그리고 글자의 발음이나 의미를 모를 경우 바로 이 5가지를 기준으로 하여 옥편을 찾듯이 글자를 찾습니다.

♧ 간체자의 5가지 기본 형태 :
一(가로), ㅣ(세로), ノ(삐침), 丶(점), 乙(꺾음)

1-1. 다음에 실질적으로 간체자의 학습을 돕기 위하여 우리가 착각하기 쉬운 간체자의 偏旁의 획수를 적어 놓습니다. 눈에 익혀두세요. 그리고 외워야만 합니다. 발음을 모를 때 이 부수를 이용하여 사전을 찾아야 하니까요. 발음은 지금 몰라도 되지만 들어봅시다.

① 許　xǔ → 许(言이 2획으로 변함)
② 館　guǎn → 馆(食이 3획으로 변함)
③ 與　yǔ → 与(与가 3획으로 변함)
④ 場　chǎng → 场(昜이 3획으로 변함)
⑤ 馬　mǎ → 马(马가 3획으로 변함)
⑥ 飛　fēi → 飞(飞가 3획으로 변함)
⑦ 紗　shā → 纱(糸 sī가 3획으로 변함)
⑧ 風　fēng → 风(风이 4획으로 변함)
⑨ 見　jiàn → 见(见이 4획으로 변함)
⑩ 長　cháng → 长(长이 4획으로 변함)
⑪ 貝　bèi → 贝(贝가 4획으로 변함)
⑫ 烏　wū → 乌(乌가 4획으로 변함)
⑬ 專　zhuān → 专(专이 4획으로 변함)
⑭ 車　chē → 车(车가 4획으로 변함)
⑮ 鳥　niǎo → 鸟(鸟가 5획으로 변함)
⑯ 銀　yín → 银(金이 5획으로 변함)
⑰ 龍　lóng → 龙(龙이 5획으로 변함)
⑱ 虎　hǔ → 虍(虎가 6획으로 변함)
⑲ 頁　yè → 页(页가 6획으로 변함)
⑳ 鹵　lǔ → 卤(卤가 7획으로 변함)

㉑ 麥　mài → 麦(麦이 7획으로 변함)

㉒ 魚　yú　→ 鱼(鱼가 8획으로 변함)

㉓ 黽　mǐn → 黾(黾이 8획으로 변함)

㉔ 齒　chǐ → 齿(齿가 8획으로 변함)

　　* 한자 뒤의 우리말 조사는 중국어 발음을 기준으로 달았음

1-2. 한자의 간화는 전통적인 육서원칙을 파괴하였다는 비판을 듣고 있지만 나름대로 육서원칙에 충실하려는 흔적을 볼 수 있습니다. 현대중국어의 간체자를 학습의 편의를 위하여 다음 몇 가지로 나누어 분류해 봅니다.

⑴ 발음이 유사한 글자 중 자형이 간단한 글자로 원래 글자를 대신한다.

　　蝦 → 虾(xià라는 발음이 下xià와 동음이므로 오른편을 下자로 대체함, 즉 동일한 발음이나 유사한 발음으로 자형을 대체함)

　　　　예 : 華→华, 認→认, 憶→忆, 護→护, 遼→辽, 乾→干,

　　　　　　　萬→万, 遷→迁, 藝→艺, 廳→厅, 歷→历, 義→义

⑵ 글자체중 갑골문(甲骨文), 금문(金文), 초서(草书) 등의 서체에서 간체자를 빌려온 것.

　　禮 → 礼(고대의 자체를 원용함)

　　　　예 : 雲→云, 書→书, 爲→为, 車→车, 韋→韦, 區→区, 從→从

⑶ 글자의 일부로 전체를 대표함

　　鄕 → 乡(한쪽 편방으로 전체를 대표함)

　　　　예 : 習→习, 麽→么, 雜→杂, 殺→杀, 廠 →厂, 兒→儿,

　　　　　　　豐→丰, 術→术, 虧→亏, 廣→广, 開→开

⑷ 복잡한 자형을 생략하여 간략히 함

　　尋 → 寻(工과 口를 생략하여 자형을 간략히 만듦)

　　　　예 : 齒→齿, 導→导, 婦→妇, 農→农

(5) 자형과 상관이 없는 글자를 새로 만듦

衛 → 卫(새로운 자형을 창조함)

　　예 : 隊→队

(6) 기존의 자형과 상관없이 다른 자형의 의미를 빌려옴

淚 → 泪(자형과 상관없이 目자를 빌려옴)

　　예 :　陰陽→阴阳(月과 日로 음양의 의미를 대신함)

간체자는 대체로 이상과 같은 여섯 가지 원칙에 의하여 단순화되었습니다. 그러므로 중국어를 공부할 때 한자를 막연히 외울 것이 아니라 이러한 원칙 중 어느 것에 속하는지를 나름대로 생각하면서 단어를 암기하면 암기하기도 쉽고 번체자와 간체자를 이해하는 데 상당한 도움이 될 것입니다. 결국 우리는 두 가지를 다 알아야 하니까요

연/습/문/제

정답을 기록하여 이메일로 제출하세요.
(파일 이름을 학번과 이름으로 하세요.)

(1) 다음 부수는 몇 획입니까?
　　① 卤　② 风　③ 马　④ 乌
　　⑤ 长　⑥ 麦　⑦ 与　⑧ 龟

(2) 다음 간자의 번체자를 써보세요?
　　① 华　② 忆　③ 认　④ 寻

(3) 다음 번체자의 간자체를 써보세요?
　　① 習　② 兒　③ 廠　④ 殺

제2강

중국어 모음

강의목표 :
중국어 모음을 전부 암기하고 연습한다.

　중국어는 보통 한어(汉语)라고 부르지만 中文(중문), 화문(华文), 화어(华语), 国语(국어)라고도 부릅니다. "汉语"라는 말은 보통 《현대표준한어 现代标准汉语》를 말하며 현재의 북경음(北京音)을 표준음으로 정했습니다. 그런데 중국 대륙에서는 중국어 국어교과서를 어문(语文)이라고 통칭하고 같은 중국말이라도 중국 대륙에서는 "보통화(普通话)"라고 부르고 대만에서는 "국어(国语)"라고 하며 싱가폴에서는 "화어(华语)"라고 부릅니다. 그 의미상 미묘한 차이가 있으나 모두 중국어를 가리키는 말입니다.

　중국어는 국제연합에서 정한 여섯 가지 공식 언어중 하나이며 현재 사용하는 인구가 가장 많은 언어입니다. 중국, 대만, 싱가폴, 말레이시아에서는 중국어가 학교에서 가르치는 공식 언어이며 관방(官方)의 언어로 인정받고 있습니다.

学								學
xué								배울 학
动								動
dòng								움직일 동
对								對
duì								대답할 대
发								發
fā								쏠 발
义								義
yì								옳을 의
头								頭
tóu								머리 두
经								經
jīng								날 경
产								産
chǎn								낳을 산
进								進
jìn								나갈 진
现								現
xiàn								나타날 현
种								種
zhǒng								씨 종
从								從
cóng								좇을 종
点								點
diǎn								점 점
开								開
kāi								열 개
长								長
cháng								길 장
见								見
jiàn								볼 견

1 중국어 모음 : 단모음만 모두 16개

모든 나라는 자국의 언어가 있으면 그 글자를 발음하는 말이 있고 이를 자음과 모음으로 나누어 표기하겠지요. 그런데 중국어는 자음과 모음중 모음이 훨씬 발음하기가 쉽습니다. 그러니 중국어가 어렵다고 걱정하지 말고 이제 한번 모음에 관하여 배워봅시다.

중국에서는 모음을 운모(韻母)라고 하고 모두 16개가 있습니다. 이 모음들이 3개의 개음 (介音 : i , u , ü)과 결합하여 20개의 결합모음을 만들지요. 참고로 이 20개의 결합모음은 중국어 모음의 숫자에 들어가지 않습니다. 순수한 중국어 발음은 자음 21개, 모음 16개로 모두 37개 입니다.

1-1 단모음의 발음 요령(모음듣기)

a	입을 크게 벌리고 "아"하고 발음한다.
o	입모양을 둥글게 하고 "오"와 "어"의 중간 발음을 낸다.
e	입을 반쯤 벌리고 "어"라고 발음한다.
ê	"애"와 비슷한 발음으로 입술을 약간 더 안쪽으로 끌어당겨서 발음한다.

i	"이"를 발음할 때보다 입을 좌우로 더 벌려 "이"라고 발음한다. (단독으로 음절을 구성할 때는 "y"로 표기)
u	입술을 둥글게 오므리면서 앞으로 내밀고, "우"라고 발음한다. (단독으로 음절을 구성할때는 "wu"로 표기)
ü	입술을 "우"보다 약간 더 앞으로 내밀며 "위"라고 발음한다. (단독으로 음절을 구성할 때는 "yu"라고 표기한다/ ü가 j, q, x 와 결합할 때는 "ü" 위의 두 점을 생략한다)

ai	"a"쪽에 강세를 두고 "i"를 가볍게 붙여 읽는다. "아이"로 발음한다.
ei	"e"쪽에 강세를 두고 "i"를 가볍게 붙여 읽는다. "에이"로 발음한다.
ao	"a"쪽에 강세를 두고 "o"를 가볍게 붙여 읽는다. "아오"로 발음한다.
ou	"o"쪽에 강세를 두고 "u"를 가볍게 붙여 읽는다. "오우"로 발음한다.

an	"안"으로 발음한다. 이때 "ㄴ"은 비음을 낸다.
en	"언"으로 발음한다. 이때 "ㄴ"은 비음을 낸다.
ang	"앙"으로 발음한다. 이때 "ng"은 비음이 납니다.
eng	"엉"으로 발음한다. 이때 "ng"은 비음이 납니다.
er	혀끝을 말아서 우리말의 "달"을 발음할 때의 "ㄹ"과 같은 혀의 위치에서 "얼"이라고 발음한다. 주의 : "라디오"의 "ㄹ"과 "달"의 "ㄹ"은 발음을 할 때 혀의 모양이 다릅니다. "er"은 달의 "ㄹ"에 가깝습니다.

1-2 결합모음(결합운모)의 발음 요령

1) i와 결합하는 것(결합운모들기1)

한어병음	발음 방법 및 표기법
ia	"a"쪽에 강세를 두어 "이아 -> 야"처럼 발음한다.
ie	우리나라 말의 "이에"와 비슷하나, "예"에 가깝게 들린다. " ê "는 단독으로 쓰일 때는 "e" 위에 "∧" 표시를 하지만, 결합운모로 될때는 "e"로 표기한다.
iao	주모음은 "a"이므로 이를 강하게 읽어 "야오"로 발음한다.
iou	주모음은 "o"이므로 이를 강하게 읽어 "요우"같이 읽는다. "iou"는 앞에 성모가 오면 "o"가 없어지고, "-iu"로 표기되니 주의한다.
ian	표기대로 발음하면 "이안"이나 실제발음은 "옌"으로 발음되므로 특히 주의한다.
i(e)n	"i" 발음에 우리말 "ㄴ"받침을 붙이는 것과 비슷하다. "엔"이아니라 "인"으로 발음한다. 이때 "e"는 탈락한다.
iang	주모음 "a"에 강세를 두어 "양"으로 발음한다.
i(e)ng	"i" 발음에 "ㅇ"받침을 붙인 것과 같다. "엥"이 아니라 "잉"으로 발음하고 "e"는 탈락한다.

2) u와 결합하는 것(결합운모듣기2)

ua	"u"와 "a"의 결합으로 "a"에 강세를 두어서 읽는다. "와"로 발음한다.
uo	"u"와 "o"의 결합으로 "o"에 강세를 두어서 읽는다. "워"로 발음한다.
uai	주모음인 "a"에 강세를 두어 읽게 된다. "와이"로 발음한다.
uei	주모음인 "ei"에 강세를 주어 발음한다. 그러나 자음과 결합하면 표기는 "-ui"로 바뀌고 발음은 "웨이"가 된다. 주의: "dui"를 "뚜에이"라고 하지 "뚜이"라고 하지 않는다.
uan	주모음인 "a"에 강세를 주어 우리말의 "완"처럼 발음한다.
uen	주모음인 "e"에 강세를 주어 발음한다. 모음만 읽을 경우는 "원"이지만 자음과 결합하면 표기는 "-un"으로 바뀌게 되고 "운"으로 발음한다. 예) dun(둔)
uang	주모음인 "a"에 강세를 주어 읽는다. "왕"처럼 발음한다.
ueng	주모음인 "e"에 강세를 주어 읽는다. "웡"으로 읽지만 자음과 결합하면 표기는 "-ong"으로 바뀌게 되고 "옹"으로 발음한다.

3) ü 와 결합하는 것(결합운모듣기3)

üe	"ü"와 "e"의 결합으로 "e"쪽에 강세를 주어 "위에"로 발음한다.
üan	표기대로 읽으면 "위안"이 되지만, 실제로는 발음이 변하여 "위옌"처럼 발음되므로 주의한다.
ün	"ü"의 발음에 "ㄴ"을 붙인 것과 같다. "윈"으로 발음한다.
üeng	표기대로 읽으면 "위엉"이 되지만, 실제로는 "용"에 가까운 발음이 나며 자음과 결합하면 표기는 "-iong"으로 바뀐다. 예) qiong(춍)

참고 : "i"로 시작하는 음절은 "y"로 바꾸어 표기한다. "ia"→"ya"
　　　　"u"로 시작하는 음절은 "w"로 바꾸어 표기한다. "ua"→"wa"
　　　　"ü"로 시작하는 음절은 "yu"로 바꾸어 표기한다. "ü"→"yu"

발음을 많이 연습하셨나요? 기본 발음을 인터넷에서 무료로 들을 수 있는 곳을 소개합니다. "다음(Daum) 중국어사전"입니다. 여기서 중국어 발음을 들을 수 있습니다.
http://cndic.daum.net/danmoum_01.html?display=1

〈그림 1〉 다음 중국어 사전

위의 〈그림 1〉 왼쪽 중간부분의 "중국어 발음학습"에서 "입 모양으로 배우기"를 클릭하면 아래 〈그림 2〉와 같은 화면이 보입니다. 여기서 "a"를 클릭하면 발음과 입모양을 볼 수 있습니다. 다른 단모음과 자음들도 이렇게 하면 모두 들을 수 있습니다. "모음일람"과 "자음일람"도 한번 눌러서 들어보기 바랍니다. 많이 듣는 것이 공부입니다.

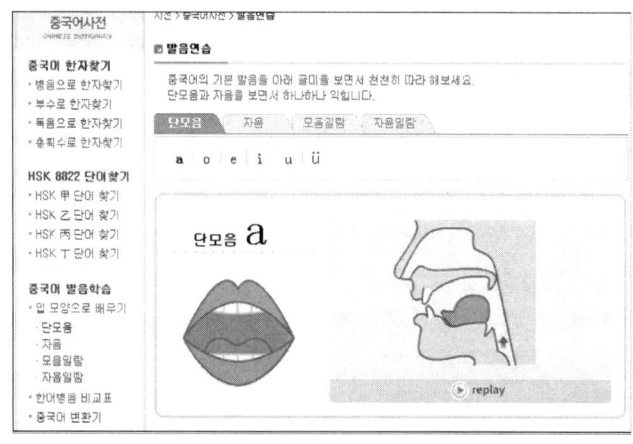

〈그림 2〉 단모음 a를 발음하는 모습

그리고 또 하나 비교적 체계적으로 된 것으로 "형선생중국어교실"이라는 사이트입니다. http://chinesestudy.com/01_lecture/step01.htm

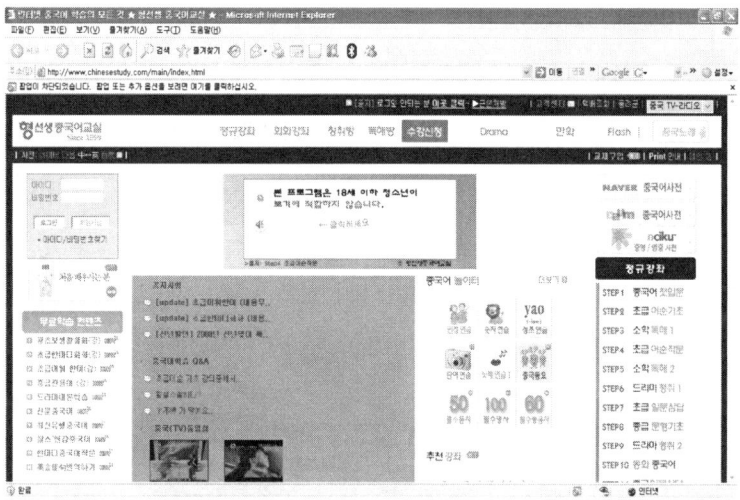

〈그림 3〉 형선생 중국어교실

〈그림 3〉에서 오른쪽의 "정규강좌-스텝1 중국어 첫입문"를 클릭하여 아래 〈그림 4〉의 제1강, 제2강의 무료강좌를 통해 중국과 중국어에 관하여 설명을 듣고 중국 노래 "첨밀밀"과 기본 발음을 들을 수 있습니다.

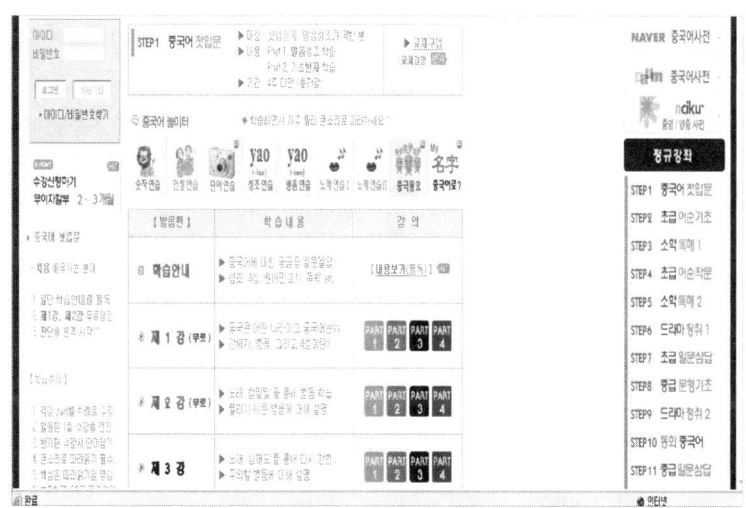

〈그림 4〉 형선생 중국어 무료강좌

하나 더, 아래 <그림 5>의 김기범의 "소림중국어"라는 곳도 http://www.sorimchinese.com/ 있으니 한번 이용해 보세요. "중국어 기초교실"의 "중국어 개요", "중국어 발음", "중국어 성조"는 들어볼만 합니다. 또한 이렇게 다양한 목소리를 들어보는 것도 중국어 발음 연습에 상당한 도움이 되리라고 생각합니다.

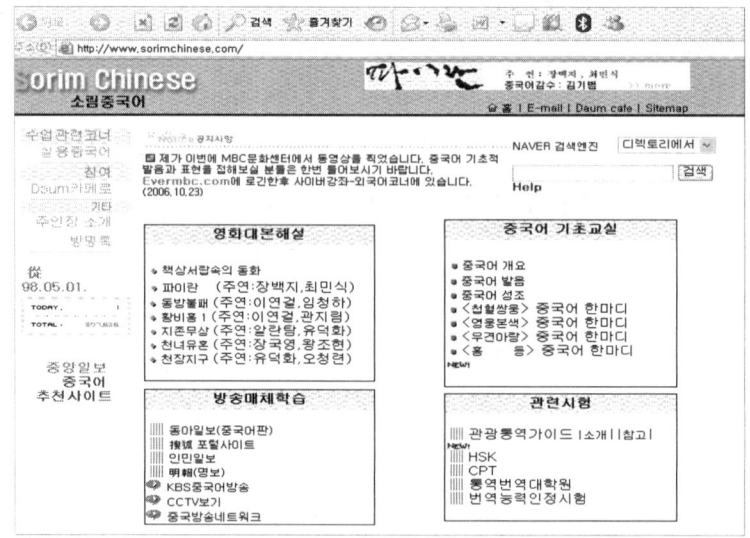

〈그림 5〉 소림 중국어

중국어 발음을 무료로 들을 수 있는 곳을 이렇게 여러 개 예로 드는 것은 인터넷이란 언제든지 변할 수 있어 가끔은 해당 사이트가 아주 사라져 버리기도 하기 때문입니다. 그러니 두세 개를 알아 두면 편리하고 안심이 되겠지요.

잔소리 : 중국어에서 말하는 발음이란 의미는 한어병음의 성모와 운모 그리고 성조를 포함합니다. 즉 이 셋이 삼위일체가 되어 개개의 중국어 발음을 형성합니다. 그러므로 발음은 좋은데 성조가 정확하지 않다고 하는 말은 애초에 성립이 되지 않지요. 이 말은 처음부터 발음과 성조를 주의해서 공부해야 한다는 것입니다. 성조는 "나중에 어떻게 되겠지"라고 생각하면 더 공부하기가 힘들어집니다.

1-3 한어병음의 표기법

한어병음을 배운 사람은 일단 개개의 글자의 자음과 모음을 합쳐서 발음부호를 읽는 연습을 하게 됩니다. 그런데 모음 중에서 개음(i, u, ü)으로 시작하는 말들은 그 표기법이 다소 달라지므로 유의하여 보아야 합니다.

① i로 시작되는 음절은 i를 y로 바꾸어 표기한다.

   예 ia→ya(牙), iao→yao(要), ie→ye(也)

   그러나 i가 단독으로 사용되면 i를 yi로 바꾸어 표기한다.

   예 i→yi(衣)

   i 뒤에 n이나 ng가 오면 i를 yi로 표기한다.

   예 in→yin(音), ing→ying(应)

② u로 시작하는 음절은 u를 w로 바꾸어 표기한다.

   예 ua→wa(袜), uo→wo(我), uan→wan(万),

   그러나 u가 단독으로 사용되면 u를 wu로 표기한다.

   예 u→wu(五)

③ ü로 시작하는 음절은 ü를 yu로 바꾸어 표기한다.

   üan→yuan(远), ün→yun(运), üe→yue(月)

   그러나 ü가 단독으로 음절을 형성하면 yu로 표기한다.

   예 ü→yu(玉)

④ ü는 j/ q/ x 뒤에서는 ü 위의 두 점을 떼어버리고 u로 쓴다.

   jün→jun(军), qüe→que(缺), xüan→xuan(玄)

1-4 성조부호의 표기법

성조부호란 소위 1성, 2성, 3성, 4성, 경성 등을 표기하는 부호를 말한다. 알기 쉽게 아라비아숫자를 사용하여 1, 2, 3, 4로 쓰는 방법도 있고 또 ā, á, ǎ, à 처럼 모음 위에 성조를 직접 표기하는 방법도 있다. 우리가 주의할 점은 한어병음 위에 성조를 표기할 때 아무

곳에나 하는 것이 아니라 그 음절의 주요 모음 위에만 성조를 표기할 수 있다는 점이다. 여기서 주요 모음이란 발음을 할 때 가장 강조가 되는 모음 즉 가장 입을 오래 동안 크게 벌리고 소리를 내는 모음을 말한다. 만약 한 단어에 모음이 한 개가 있으면 별 문제가 없지만 여러 개가 있으면 이 원칙에 따라서 성조부호를 표기해야한다. 예를 들어 a와 i가 있으면 주모음이 a이므로 성조부호를 a 위에 표시한다.

※ 주요 모음의 강세 순서 a > o = e > i = u = ü

과제 : 아래에 있는 운모표를 녹음하여 이메일로 제출하세요.
(파일명을 학번과 이름으로 할 것)

중국어 운문표

	개구음 (开口音)	제치음 (齐齿音)	합구음 (合口音)	촬구음 (撮口音)	
		i	u	ü	개음
단운모 (單韵母)	a	ia	ua		
	o		uo(워)		
	e				
	ê	ie		üe	
복운모 (复韵母)	ai		uai(와이)		
	ei		uei(ui)		
	ao	iao(야오)			
	ou	iou(iu)			
부성운모 (附声韵母)	an	ian(옌)	uan	üan	
	en	ien	u(e)n	ün (윈)	
	ang	iang	uang(왕)		
	eng	i(e)ng(잉)	ueng(-ong)	üeng (iong)	
권설운모 (倦舌韵母)	er				

제3강

중국어 자음

강의목표 :
중국어 자음을 모두 암기하고
익숙하도록 발음을 연습한다.

　　중국어에서는 자음을 성모(声母)라고 한다고 말했습니다. 이제 자음을 배워
볼까요. 중국어 자음은 모두 21개이고 이 자음들은 순음(唇音), 설첨음(舌尖
音), 설근음(舌根音), 설면음(舌面音), 권설음(捲舌音) 등으로 나눕니다. 이
렇게 자음을 구분하는 것은 자음이 입속에서 발음되는 위치에 따라 구분을
한 것입니다. 즉 순음은 입술과 입술이 작용하여 나는 소리, 설첨음은 혀의
끝부분에서 나는 소리, 설근음은 혀의 안쪽 깊은 곳에서 나는 소리, 권설음은
혀를 구부리고 내는 소리입니다.

两								兩
liǎng								두 양
实								實
shí								열매 실
当								當
dāng								당할 당
气								氣
qì								기운 기
问								問
wèn								물을 문
给								給
gěi								넉넉할 급
机								機
jī								틀 기
党								黨
dǎng								무리 당
战								戰
zhàn								싸울 전
声								聲
shēng								소리 성
话								話
huà								말할 화
边								邊
biān								가 변
无								無
wú								없을 무
间								間
jiān								틈 간
业								業
yè								업 업
听								聽
tīng								들을 청

1. 자음의 발음 요령

(한국어로 표기된 발음은 참고일 뿐입니다. 녹음을 꼭 들어보고 따라서 연습하세요)

	한어병음	발음방법
순음 (脣音)	b	아래 위 입술을 다물었다가 떼면서 우리말의 "ㅂ"음을 낸다. "보"를 좀 길게 발음 한다.
	p	"b"의 발음요령과 같으나 입김을 더 강하게 내보내면서 우리말의 "ㅍ"음을 낸다. "포"를 좀 길게 발음 한다.
	m	아래 위 입술을 다물었다가 떼면서 우리말의 "ㅁ"음을 낸다. 비음이다. "모"를 좀 길게 발음한다.
설첨음 (舌尖音)	d	혀끝을 윗잇몸에 붙이고 있다가 떼면서 우리말의 "ㄷ"음을 낸다. "뜨어"로 발음한다.
	t	"d"의 발음요령과 같으나 입김을 더 강하게 내보내면서 우리나라말의 "ㅌ"음을 낸다. "트어"로 한다.
	n	혀끝을 윗잇몸에 붙이고 있다가 떼면서 우리말의 "ㄴ"음을 낸다. 비음이다. "느어"로 한다
	l	혀끝을 세워 위 잇몸 앞에 붙이고 있다가 떼면서 영어의 "l" 발음을 낸다. "르어"로 한다.
설근음 (舌根音)	g	혀뿌리를 올려 연구개에 붙였다가 떼면서 우리말의 "ㄱ"음을 낸다. "꺼"를 좀 길게 발음한다.
	k	"g"와 발음요령은 같으나 입김을 더 강하게 내보내면서 우리말의 "ㅋ"음을 낸다. "커"를 좀 길게 발음한다.
	h	혀뿌리를 올려 연구개에 접근시키고 그 사이로 기류를 마찰시켜 우리말의 "ㅎ"같은 음을 낸다. "허"를 좀 길게 발음한다.
설면음 (舌面音)	j	혓바닥을 올려 경구개에 가볍게 붙였다가 떼면서 그 사이로 기류를 마찰시켜 우리말의 "ㅈ"음을 낸다. "지~"로 발음한다.
	q	"j"와 발음요령은 같으나 입김을 더 강하게 내보내면서 우리말의 "ㅊ"음을 낸다. "치~"로 발음한다.
	x	혓바닥을 올려 경구개에 가볍게 붙였다가 떼면서 그 사이로 기류를 마찰시켜 우리말의 "ㅅ"음을 낸다. "시~"로 발음한다. 이때 혀가 이에 닿지 않도록 주의한다.

	한어병음	발음방법
권설음 (捲舌音)	zh	혀끝을 천장쪽으로 말아서 혀끝이 경구개에 가볍게 닿게 한 뒤 약간 떼면서 소리를 그 사이로 마찰시켜 우리말의 "ㅈ"음과 유사하다. (혀는 그 모양을 유지한다) "ㅈ~으"로 발음한다
	ch	"zh"와 발음요령은 같으나 입김을 더 강하게 내보면서 우리말의 "ㅊ"음과 비슷하다. "ㅊ~으"로 발음한다.
	sh	혀끝을 안쪽으로 말아올려 혀끝뒷쪽이 경구개에 닿을 듯 말듯한 상태에서 그 사이로 기류를 마찰시켜 "ㅅ"음을 낸다. "스~으"로 발음한다.
	r	"sh"와 발음요령은 같으나 성대를 울리면서 우리말 달의 "ㄹ"과 비슷한 혀의 모습으로 발음을 한다. "르~으"를 발음한다.
설치음 (舌齒音)	z	혀끝과 이가 만나서 나는 소리를 말한다. 우리말의 "ㅉ"와 비슷하게 발음한다.
	c	혀끝과 이가 만나서 나는 소리를 말한다. 우리말의 "ㅊ"과 비슷하게 발음한다. "츠"로 발음한다.
	s	발음 방법은 위와 동일하고 우리말의 "ㅆ"과 비슷하다. "쓰"로 한다.
순치음 (脣齒音)	f	아래 입술과 윗니가 만나서 나는 소리로 영어의 father의 "f"음과 같다.

참고 : 성모표에서 "m, n, l"는 비음(鼻音)이다.

중국어 성모표

순음(脣音)	b	p	m	
순치음(脣齒音)	f			
설첨음(舌尖音)	d	t	n	l
설근음(舌根音)	g	k	h	
설면음(舌面音)	j	q	x	
권설음(捲舌音)	zh	ch	sh	r
설치음(舌齒音)	z	c	s	

위의 설명들은 중국어 자음을 발음하는 방법입니다. 그런데 서울대학교 중문과 허성도교

수의 인터넷 사이트에서 이러한 내용을 무료로 배울 수 있습니다. 그 사이트를 소개합니다. http://basicchinese.snu.ac.kr/ 만약 이 사이트가 보이지 않으면, 검색창에서 "중국어, 허성도교수"를 입력하면 동영상을 찾을 수 있습니다.

<그림 6>은 허성도교수의 "중국어입문1" 강의의 발음편입니다. 이 사이트를 찾아서 "발음연습편"을 모두 듣고 외우시기 바랍니다. 1부터 12번까지 번호를 클릭하면 소리를 들을 수 있습니다.

〈그림 6〉 허성도 교수의 중국어입문1 발음연습편

〈그림 7〉 한어병음 자음 카드

<그림 7>의 "한어병음 카드"를 클릭하면 그 발음을 들려줍니다. 우리나라 사람들은 자녀들을 위하여 조기 유학을 보내는데 유치원의 어린 자녀들도 이 방법을 이용하면 조기유학을 보내지 않고도 집에서 부모와 함께 공부할 수 있겠네요. 카드를 누르면 발음을 들을 수 있습니다.

한어병음 노래도 있어요. 사이트를 소개합니다. http://mkd.lyge.cn/zhanzheng/a104/000.htm

〈그림 8〉 YOU- TUBE 한어병음 배우기

이 외에도 중국어 발음을 8분이나 무료로 가르쳐주는 동영상 인터넷사이트가 있습니다. 이 사이트는 유튜브에 올라있어 처음 설명이 영어로 되어 있지만 조금 지나면 한어병음을 보여주며 발음을 합니다. 여러분들이 영어에 익숙하지 않아도 제시되는 한어병음과 중국어 발음을 따라서 흉내 내면 됩니다. http://www.youtube.com/watch?v=oexvM3bpoNE

여러분 이 사이트를 이용하여 한어병음을 복습해 보시기 바랍니다. 8분을 투자해요.

제4강

중국어 성조와 변화

강의목표 :
중국어 성조와
성조의 변화를 철저히 익힌다.

  중국어의 발음은 성모(声母 ; 자음), 운모(韵母 ; 모음), 성조 3가지로 구성되
어 있습니다. 중국어의 자음은 21개가 있고 모음은 16개, 자음과 모음을 합하여
모두 37개가 있습니다.(중국어에서는 자음을 성모, 모음을 운모라고 부르지만
이 강의에서는 편의상 자음과 모음으로 부릅니다.)

电 diàn									電 번개 전
车 chē									車 수레 거
妈 mā									媽 어미 마
干 gān									干 방패 간
军 jūn									軍 군사 군
阶 jiē									階 섬돌 개
门 mén									門 문 문
员 yuán									員 수효 원
关 guān									關 빗장 관
变 biàn									變 변할 변
应 yīng									應 응할 응
条 tiáo									條 가지 조
争 zhēng									爭 다툴 쟁
总 zǒng									總 거느릴 총
结 jié									結 맺을 결
东 dōng									東 동녘 동

1. 중국어와 한국어 발음의 차이

중국어와 한국어의 차이 중 가장 중요한 것은 성조입니다. 한국어에는 말의 고저와 장단이 있으나 지금 이를 구별하는 사람은 거의 없습니다. 그러나 중국어에는 말의 고저와 장단에 따라 기본적으로 네 가지 성조가 있어서 같은 발음이라도 그 의미가 달라집니다. 그러므로 글자마다 반드시 그 글자의 성조를 암기해야만 합니다. 발음은 같지만 성조에 따라서 그 의미가 달라지는 예를 들어보겠습니다.(발음듣기 ma 음)

妈　mā 1성　어머니(가장 높고 긴 소리)
麻　má 2성　삼베(아래에서 위로 올라가는 소리)
马　mǎ 3성　말(중간에서 가장 아래로 내려갔다 다시 올라가는 소리)
骂　mà 4성　욕하다(위에서 아래로 내려가는 소리)

성조는 중국어 발음의 특성 중 하나로 글자의 높낮이를 표시한 것입니다. 모두 4가지 종류의 성조가 있고 이를 "4성"이라고 부릅니다. 같은 발음이라도 4성에 따라 뜻이 달라지기 때문에 매우 중요합니다. 그리고 이 4성 외에 가볍게 발음하는 소리라 하여 경성이 있습니다.

1-1 그럼 성조란 무엇이고 어떻게 발음할까요? 보다 구체적으로 알아봅시다.
앞에서 말한 것처럼 중국어 성조는 모두 4가지가 있습니다. 이제 이 성조에 대한 발음과 표기를 배워보도록 합시다. (각 성조 1, 2, 3, 4, 경성의 예, 소리파일듣기)

제1성 : " ˉ "으로 표기하고 고음에서 시작하여 끝까지 같은 높이로 발음합니다. 4성중
　　　 가장 음이 높고 음의 변화가 없습니다.
　　　 예 : 他　ā　그, 그 사람
제2성 : " ˊ "으로 표기하고 약간 저음에서 시작하여 높게 올라가는 성조로 뒤에 음을
　　　 강하게 발음합니다.
　　　 예 : 人　rén　사람

제3성 : " ˇ "으로 표기하고 중저음에서 시작하여 음을 저음으로 떨어뜨렸다가 나중에
다시 고음으로 변합니다.

예 : 好 hǎo 좋다

제4성 : " ˋ "으로 표기하고 고음에서 저음으로 빠르게 변화하는 발음입니다.

예 : 大 dà 크다

경성 : 위의 4성 이외에 발음되는 방법으로 원래는 성조가 있으나 발음하기 편하게
하기 위하여 원래의 성조를 무시하고 짧고 가볍게 발음합니다. 이 경우 성조에
아무런 표기를 하지 않거나 " · "으로 표기합니다.

石头 shítou 돌 (头는 원 발음 tóu로 발음을 하면 "머리"라는 의미이다.)

참고 : 경성은 일반적으로 동일한 단어가 반복되면 뒤의 음절을 경성으로 발음합니다.
그렇지 않은 경우는 그 의미가 변화되기도 합니다. 또 "3성+경성"일 때 경성의 음높이가
가장 높습니다. 예 : 姐姐 jiějie 누나. 언니(중국어의 호칭은 우리나라처럼 누나와 언니를
구분하지 않습니다)

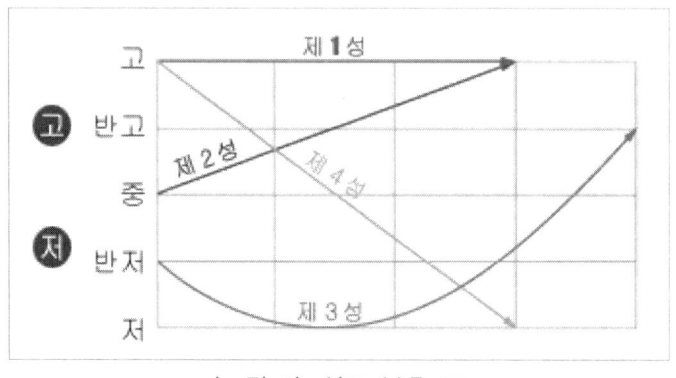

〈그림 9〉 성조 부호 표

성조의 고저를 그림으로 간단히 표현하면 위와 같습니다.(이 그림은 "장악중국어"에서
퍼온 것입니다. 이곳은 무료로 성조와 발음에 대해 잘 설명하고 있습니다. 한번 들어가서
읽어보세요. http://www.chinachannel.co.kr/lecture/sample/im_001.asp)

그리고 4성을 공부할 수 있는 사이트를 하나 더 소개를 합니다. 중국어 자음 모음 모든 발음을 발음표로 만들고 해당 발음의 1성, 2성, 3성, 4성을 각각 들을 수 있는 사이트입니다. http://cndic.daum.net/fayin_1.html 이곳은 앞서 소개한 적이 있는 "다음 중국어 사전 사이트(<그림 1> 참고)"로서 "한어병음 비교표"를 클릭한 후 원하는 한어병음에 커서를 갖다 놓으면 아래와 같은 화면이 보이고 각 성조를 클릭하면 발음과 각각의 성조를 들을 수 있습니다. 아래 화면은 커서를 "mao"에 놓은 상태의 모습입니다. 이런 소리들을 듣고 성조의 차이를 구분해 보시기 바랍니다.

〈그림 10〉 mao를 클릭한 상태

1-2 성조의 변화(성조의 변화듣기)

① "3성 + 3성"의 경우

　3성이 겹쳐서 올 경우 발음을 수월하게 하기 위하여 앞의 3성이 2성으로 바뀝니다.
你好　nǐ hǎo　(안녕하세요)가 "ní hǎo"로 됩니다.

② "不"자의 성조변화

　"不"는 원래는 4성이다. 1성, 2성, 3성 등의 글자가 뒤에 오면 원래대로 4성으로
발음한다. 그런데 "不" 뒤에 4성의 글자가 오면 "不"는 2성으로 변한다.
不是　búshì　아니다

③ "一"의 성조변화

　"一"는 원래 1성이지만 4성이나 4성의 글자가 경성으로 발음되는 글자 앞에서는
2성으로 바뀐다.
一块 yíkuài　　한 조각
一个 yíige　　한 개(个는 원래 4성인데 경성이 되었다.)

　참고 : 중국어 성조의 표기는 모음위에만 한다. 한 단어에 두 개 이상의 모음이 있는
경우는 주요 모음 "a, e, o" 위에 주로 성조를 표기 한다.

연/습/문/제

(1) 다음 음절을 읽어보시오.(연습문제 발음듣기)
　연습문제를 녹음하여 이메일로 제출하세요.
　파일명은 여러분의 학번과 이름을 사용하세요.

买书 mǎi shū	책을 사다	卖书 mài shū	책을 팔다
大人 dà rén	대인	打人 dǎ rén	사람을 때리다
努力 nǔ lì	노력하다	奴隶 nú lì	노예
血液 xuè yè	혈액	学业 xué yè	학업
组织 zǔ zhī	조직	阻止 zǔ zhǐ	저지하다

제1강 ~ 제4강

복습

중국어를 이제 한 달 정도 공부했나요. 지금은 이제까지 배운 내용을 복습하고 앞으로의 기초를 다지는 시간입니다. 여러분 이 복습내용은 매우 중요합니다. 스스로 공부하는 만큼 더욱 신경을 써서 암기하고 노력하시기 바랍니다. 그 동안 뒤쳐진 사람은 여기서 만회하시기 바랍니다.

领								領
líng								옷깃 령
书								書
shū								책 서
队								隊
duì								대 대
亲								親
qīn								친할 친
论								論
lùn								말할 논
吗								嗎
ma								꾸짖을마
许								許
xǔ								허락할허
资								資
zī								재물 자
带								帶
dài								띠 대
风								風
fēng								바람 풍
线								線
xiàn								줄 선
导								導
dǎo								이끌 도
系								繫
jì								맬 계
斗								鬪
dòu								싸움 투
敌								敵
dí								원수 적
农								農
nóng								농사 농

1. 발음연습

(중국어 음성 인식 시스템을 이용한 발음연습 강좌입니다)

중국어를 대충 배우려는 사람은 대부분 여기서부터 포기하기 시작합니다. 그만큼 이 과의 내용이 어렵고 지겨울 수 있습니다. 그러나 이것을 이기고 극복하면 중국어가 쉬워집니다. 이제부터가 진짜 중국어 발음연습입니다. 우리는 중국어 자음과 모음을 배웠고 이제 그것을 붙여서 읽을 수 있는 연습을 하는 것입니다. 즉 한국어의 ㄱ/ ㄴ과 ㅏ/ㅑ/ㅓ/ㅕ를 배운 다음 가/ 갸/ 거/ 겨를 만들어 읽는 것과 같습니다. 그러니 자음과 모음을 붙여서 한어병음을 읽고 익히시기 바랍니다. 실제로 중국인들도 발음과 성조연습을 초등학교에 들어가면 반년 동안 합니다. 모국어인데도 말입니다. 그러니 외국인인 우리는 얼마나 한어병음 연습을 해야 잘 할까요? 아래의 단어를 잘 듣고 따라하고 각 단어의 발음과 성조를 가급적 모두 암기하시기 바랍니다. 그러기 위해서 이번 강의를 최소한 10번은 듣고 외워야 합니다. 자신의 단어장에 여기에 나온 단어를 모두 적어보세요. 그러면 향후 중국어가 매우 쉬워집니다.

1) 1성과 연합하는 단어
① 제1성+제1성(1성+1성듣기)

春天 chūn tiān 봄   秋天 qiū tiān 가을   飞机 fēi jī 비행기

② 제1성+제2성(1성+2성듣기)

家庭 jiā tíng 가정   工人 gōng rén 근로자   今年 jīn nián 금년

③ 제1성+제3성(1성+3성듣기)

开始 kāi shǐ 시작하다   方法 fāng fǎ 방법   生产 shēng chǎn 생산

④ 제1성+제4성(1성+4성듣기)

高兴 gāo xìng 기쁘다   音乐 yīn yuè 음악   听力 tīng lì 듣기 능력

⑤ 제1성+경성(1성+경성듣기)

衣服 yī fu 옷   东西 dōng xi 사물   关系 guān xi 관계

2) 2성과 결합하는 단어

① 제2성+제1성(2성+1성듣기)

昨天 zuó tiān 어제   时间 shí jiān 시간   国家 guó jiā 국가

② 제2성+제2성(2성+2성듣기)

人民 rén mín 백성   文明 wén míng 문명   学习 xué xí 학습

③ 제2성+제3성(2성+3성듣기)

苹果 píng guǒ 사과   词典 cí diǎn 사전   男女 nán nǚ 남녀

④ 제2성+제4성(2성+4성듣기)

程度 chéng dù 정도   条件 tiáo jiàn 조건   杂志 zá zhì 잡지

⑤ 제2성+경성(2성+경성듣기)

学生 xué sheng 학생   别的 bié de 다른   石头 shí tou 돌

3) 3성과 결합하는 단어

① 제3성+제1성(3성+1성듣기)

火车 huǒ chē 기차   老师 lǎo shī 선생님   北京 Běi jīng 북경

② 제3성+제2성(3성+2성듣기)

美国 Měi guó 미국   语言 yǔ yán 언어   网球 wǎng qiú 테니스

③ 제3성+제3성(3성+3성듣기)

了解 liǎo jiě 이해하다   广场 guǎng chǎng 광장   水果 shuǐ guǒ 과일

④ 제3성+제4성(3성+4성듣기)

考试 kǎo shì 시험   礼物 lǐ wù 선물   比较 bǐ jiào 비교적

⑤ 제3성+경성(3성+경성듣기)

早上 zǎo shang 아침　喜欢 xǐ huan 좋아하다　椅子 yǐ zi 의자

4) 4성과 결합하는 단어

① 제4성+제1성(4성+1성듣기)

录音 lù yīn 녹음　汽车 qì chē 자동차　唱歌 chàng gē 노래하다

② 제4성+제2성(4성+2성듣기)

问题 wèn tí 문제　去年 qù nián 작년　热情 rè qíng 열정

③ 제4성+제3성(4성+3성듣기)

汽水 qì shuǐ 사이다　日本 Rì běn 일본　汉语 hàn yǔ 중국어

④ 제4성+제4성(4성+4성듣기)

纪念 jì niàn 기념　见面 jiàn miàn 만나다　作业 zuò yè 숙제

⑤ 제4성+경성(4성+경성듣기)

弟弟 dìdi 동생　客气 kè gi 겸손하다　谢谢 xiè xie 고맙습니다

5) 성조의 비교연습(발음듣기)

买书 mǎi shū　책을 사다　　卖书 mài shū　책을 팔다
大人 dà rén　대인　　打人 dǎ rén　사람을 때리다
努力 nǔ lì　노력하다　　奴隶 nú lì　노예
血液 xuè yè　혈액　　学业 xué yè　학업
组织 zǔ zhī　조직　　阻止 zǔ zhǐ　저지하다

6) 발음의 비교연습(발음듣기)

少吃 shǎo chī　적게 먹다　　小吃 xiǎo chī　간식
响亮 xiǎng liàng 우렁차다　　商量 shāng liáng 의논하다

杂技 zá jì	서커스	杂志 zázhì	잡지
知道 zhī dao	알다	迟到 chí dào	지각하다
自己 zì jǐ	자기	刺激 cì jī	자극하다
壮丽 zhuàng lì	웅장하고 아름답다	创立 chuàng lì	창립하다
起早 qǐ zǎo	일찍 일어나다	洗澡 xǐ zǎo	목욕하다

2. 성조의 변화 : 不, 一

여기서는 중국어를 처음 배우는 분들을 위하여 중국어에 있어서 중요한 음운의 변화를 다시 한번 체계적으로 공부하고자 합니다. 외국인들이 중국어를 하는데 어색하게 들리는 것은 여러 가지 원인들이 있겠지만 바로 이 성조의 변화를 잘 이해하지 못하고 발음하는 것도 하나의 이유입니다. 중요한 기회와 자료라고 생각하시고 이 부분만은 확실하게 이해할 수 있기를 바랍니다.

2-1. 不의 성조 변화

"不(bù)"는 원래 제4성인데 뒤에 제4성 음절이 이어지면 제2성으로 변한다.

```
不 : bù + 제4성 → bú + 제4성
```

⑴ 不 + 제4성의 예

① 不是   búshì   ~가 아니다
② 不去   búqù   가지 않다
③ 不必   búbì   ~할 필요 없다
④ 不看   búkàn   보지 않다
⑤ 不论   búlùn   문제로 삼지 않다

⑵ 不 + 제4성의 조합에 주의하여 아래 문장을 읽어봅시다.

① 我不是学生。Wǒ búshì xuésheng.

　　나는 학생이 아니다.(我: 나, 学生: 학생)

② 今天不去学校。Jīntiān búqù xuéxiào.

　　　오늘 학교에 가지 않는다.(今天: 오늘, 学校: 학교)

③ 你不必担心。Nǐ búbì　dānxīn.

　　너는 걱정할 필요 없다.(你: 너, 担心: 걱정하다)

④ 不看电影。búkàn diànyǐng

　　영화를 보지 않다.(电影: 영화)

⑤ 不论成败。búlùn chéngbài

　　성공과 실패를 논하지 않다.(成败: 성공과 실패)

2-2. 一의 성조 변화

"一(yī)"는 원래 제1성인데 뒤에 다른 성조가 오면 성조가 변화한다.

(1) 뒤에 제1성, 제2성, 제3성이 이어지면 "一"는 제4성으로 변화한다.

	제1성			제1성
一 yī　+	제2성	→	yì　+	제2성
	제3성			제3성

① 一 + 제1성

一张	yìzhāng	한 장
一班	yìbān	한 반
一双	yìshuāng	한 쌍
一张桌子	yìzhāng zhuōzi	탁자 하나
一班学生	yìbān xuésheng	한 반 학생
一双鞋子	yìshuāng xiézi	신발 한 켤레

② 一 + 제2성

一门	yìmén	한 가지
一节	yìjié	한 마디
一场大雨	yìcháng dàyǔ	한 바탕 큰 비

一门功课　yìmén gōngkè　　　한 과목
一节竹子　yìjié zhúzi　　　　대나무 한 마디

③ 一 + 제3성

一本　　　　yìběn　　한 권
一点　　　　yìdiǎn　　약간, 조금
一本书　　　yìběnshū　책 한 권
一点钱　　　yìdiǎnqián　돈 조금
一口人　　　yìkǒurén　한 명

(2) "一" 뒤에　제4성이 이어지면 "一"는 제2성으로 변화한다.

一 yī ＋ 제4성 → yí ＋ 제4성

一次　　　yícì　　한 번
一片　　　yípiàn　한 조각
一件　　　yíjiàn　한 건
一片面包　　　yípiàn miànbāo 빵 한 조각
一件衣服　　　yíjiàn yīfu　　옷 한 벌

2-3. 제4성의 변화

제4성 뒤에 제4성이 이어지면 앞의 제4성은 하강이 반만 이루어지는 반4성으로 변화
한다. 이 경우 뒤의 4성이 더 강하게 들린다.

大概　　dàgài　　대개
再见　　zàijiàn　　안녕!
进步　　jìnbù　　진보하다
万岁　　wànsuì　　만세

주의 : "不", "一"자 는 일부 초보교재에서 변화된 성조로 표기되기도 한다. 만약 본래의

성조가 표기된 자료를 보더라도 위의 규칙을 적용하여 읽어야 한다.

　잔소리 : 위에서 예로 든 모든 단어의 발음과 성조 한자들을 다 외우시기 바랍니다. 물론 매우 많습니다. 그리고 어렵습니다. 그러나 여러분들이 중국어를 정복하려면 결국 다 알아야 하는 단어들입니다. 그리고 중국어를 처음 시작했을 때 그 열의가 가장 크니까 이 정도는 헤쳐 나갈 수 있습니다. 제 경험에 의하면 중국어는 한 계단 한 계단 올라가기 보다는 점프하는 것처럼 실력이 증가합니다. 위의 단어를 외워만 보세요. 그래서 발음부호를 보지 않고 단어들을 머릿속에 그리며 뜻을 알게 되면 중국어에 자신이 생깁니다. 이는 초급 중국어 회화를 공부할 때 상당히 도움이 되며 중국어를 완성하는 지름길입니다. 여러분이 중국어 공부를 포기했다면 여기서부터 포기한 것입니다. 그러므로 중국어를 다시 시작하는 사람은 여기서부터 각오를 단단히 하고 다시 하시기 바랍니다.

연/습/문/제

　1. 다음 문제에서 "一"자의 성조를 말해보세요
　　　① 一张　　一班　　一双
　　　② 一场　　一门　　一节
　　　③ 一本　　一点　　一口
　　　④ 一次　　一片　　一件

　2. 다음 문제에서 "不"자의 성조를 말해 보세요
　　　① 不是　不去　不必　不看
　　　② 不知　不可　不行　不走

　수고가 많았습니다. 정말 수고했어요. 강의 목표처럼 모든 단어를 암기했다면 이제부터는 중국어가 쉽습니다. 중국어 입문의 기초가 아주 반석처럼 단단하게 된 것입니다. 만약 다 외우지 못했다면 다시 반복하세요.

중국어와 인터넷

중국어 사전은 구입했는지요? 아직도 구입하지 않았다면 글쎄요? 전자사전도 좋더군요.
사전이 없는 사람들을 위해서 인터넷에서 중국어 단어를 찾는 곳을 소개합니다. 인터넷
중국어 사전인데 당연 무료지요. 먼저 네이버 중국어사전을 봅시다. http://cndic.naver.com/
여러분들도 이미 알고 있을 수 있지만 위에서 제공한 사이트인 네이버중국어사전의 좌측
화면을 보면 "옥편처럼 찾기"에서 중국어 단어를 찾는 방법이 "병음", "부수", "독음",
"총획" 등 4가지로 되어 있습니다. 여기서는 "병음"을 예로 들어 설명합니다. 나머지는
옥편처럼 찾으면 될 테니까요.

먼저 중국어사전에서 좌측에 있는 병음으로 찾기를 클릭하면 아래와 같은 장면이 보입
니다.

〈그림 11〉 네이버 중국어 사전

위에 보이는 〈그림 11〉의 병음들을(a, an 등) 눌러 원하는 글자를 찾을 수도 있습니다.
만약 원하는 발음이 "an 4성"이라면 "àn"을 클릭합니다. 그러면 "àn"의 발음 글자들이
아래처럼 화면에 보입니다. 여기서 원하는 글자를 선택하면 됩니다.

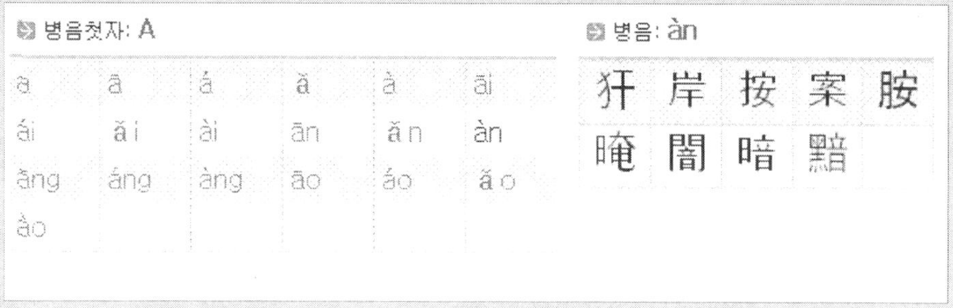

〈그림 12〉 "àn"을 클릭한 후의 모습

〈그림 12〉에서 원하는 글자로 "暗àn"을 선택했더니 아래 〈그림 13〉처럼 "어두울 暗"자에 대한 해설이 자세히 나옵니다. 성공했네요. 그리고 발음은 발음듣기 스피커를 누르면 "暗àn"자의 발음을 여성과 남성의 목소리로 각각 들을 수 있습니다.

〈그림 13〉 네이버 중국어 사전 단어(暗)

네이버 중국어사전과 비슷한 것으로 다음 중국어 사전도 있습니다. http://cndic.daum.net/

다음 중국어 사전의 사용법도 네이버 중국어 사전과 비슷합니다. 여기서는 소개를 생략합니다. 그런데 다음 중국어 사전사이트에서는 이전 강의에서 소개한 것처럼 중국어 기본 발음을 들을 수가 있어서 좋은 것 같습니다. 이제는 누구나 부지런만 하면 언제든지 이런 자료들을 이용하여 중국어뿐 만 아니라 다른 외국어들도 배울 수 있을 것 같습니다.

〈그림 14〉 다음 중국어 사전 초기화면

제5강

경성을 이해하기

강의목표 :

경성을 이해하고 본과의 단어를 암기한다.

경성은 가볍고 약하게 내는 소리이지만 경우에 따라서 각기 소리의 강세가 다르다. 또 경성은 구조적 경성과 그렇치 않은 것 두 종류로 크게 나눌 수 있다.

万								萬
wàn								일만 만
难								難
nán								어려울난
数								數
shǔ								셀 수
记								記
jì								기록할기
区								區
qū								지경 구
认								認
rèn								알인
将								將
jiāng								장차 장
处								處
chǔ								살 처
运								運
yùn								돌 운
觉								覺
jué								깨달을각
师								師
shī								스승사
爱								愛
ài								사랑애
办								辦
bàn								힘쓸 판
识								識
shí								알 식
写								寫
xiě								베낄 사
热								熱
rè								더울 열

1. 경성(轻声)에 대하여

중국어에는 짧고 약하며 음색도 모호해지는 음이 있는데 이를 "경성"이라고 한다. 이러한 경성은 단순한 음운현상일 수도 있지만 경우에 따라서는 의미나 문장기능을 분화시켜 주기도 한다. 즉 경성이 아닌 정상적인 음가로 발음을 하면 단어의 의미나 문장기능이 달라진다는 것이다. 아래에 그 예를 든다.

① 东西 dōngxī 동쪽과 서쪽
　　　　 dōngxi 물건
　　설명 : 西자를 1성으로 발음하면 "동쪽과 서쪽", 경성으로 하면 "물건"이란 뜻이 된다.
② 妻子 qīzǐ 처와 자식
　　　　 qīzi 처
　　설명 : 子자를 3성으로 발음하면 "처와 자식", 경성으로 하면 "처"란 뜻이 된다.

1-1. 경성의 높이 (경성듣기mp3)
경성의 높이는 일정하게 정해진 것이 아니라 앞에 어떤 성조가 있는가에 따라 결정되어진다.

⑴ 제1성 뒤에서는 비교적 낮게 발음한다. (5 →2)
　　예 : 休息 xiū xi 휴식하다　　　　　　他的 tāde 그의

⑵ 제2성 뒤에서는 중간정도의 높이로 발음된다.(3 →2)
　　예 : 来了 lái le 왔다　　　　　　名字 míng zi 이름

⑶ 제3성 뒤에서는 비교적 높게 발음된다. (2 →1 →4)
　　예 : 好了 hǎo le 좋아　　　　　　本子 běn zi 노트

⑷ 제4성 뒤에서는 비교적 낮게 발음된다.(5 →1)
　　예 : 大的 dà de 큰것　　　　　　漂亮 piào liang 아름답다

어떤 음절이 경성인지 아닌 지의 여부는 규칙에 의하여 판단할 수 있는 것도 있지만 예측할 수 없는 것도 매우 많다. 이렇게 예측할 수 없는 경우는 경성을 접하는 대로 하나씩 외워 숙달되도록 훈련하는 것이 매우 중요하다.

2-2. 구조적 경성
아래와 같은 경우에서는 일반적으로 후반 음절이 경성화하여 발음된다.
이런 구조적 경성은 외우지 않아도 예측할 수 있다.

(1) 조사 : 了(le), 吗(ma), 呢(ne), 的(de)
走了   zǒu le   가다, 떠나다
你来吗? Nǐlái ma? 너 올꺼니?
不来呢。 Bùlái ne. 안 와요
买大的。 Mǎidà de. 큰 것을 사라.

(2) 명사의 접미사 : 头(tou), 子(zi)
石头   shí tou   돌, 주먹(가위, 바위, 보의 주먹)
盘子   pán zi   쟁반

(3) 일부 수량사
三个   sān ge   세 개
写封信   xiě feng xìn 편지를 쓰다

(4) 명사 뒤에 오는 일부 방위사 : 里(li), 上(shang), 边(bian)
学校里   xuéxiào li   학교 안
书上   shū shang   책 위
江边   jiāng bian   강 변

(5) 복합방향보어의 성분은 경성으로 발음한다.
回来 huí lai 돌아오다

出去   chū qu   나가다
走上去   zǒu shàng qu   걸어 가다

⑹ 단음절 동사가 중첩되면 뒤의 음절은 경성으로 발음한다.
说说   shuō shuo   말하다
听听   tīng ting   듣다
看看   kàn kan   보다

⑺ 동사 중간에 삽입되어 있는 "不", "一"는 경성으로 발음한다.
要不要   yào bu yào   요구하다
听一听   tīng yi tīng   듣다

⑻ 중첩된 명사의 둘째 음절을 경성으로 발음한다.
妈妈   mā ma   엄마
太太   tài tai   부인
星星   xīng xing   별

연/습/문/제

※ 연습문제를 녹음하여 이메일로 제출하세요.
　 제출할 때 파일명은 여러분의 학번과 이름을 사용하세요.

1. 제1성 뒤의 경성을 읽어보세요
　　⑴ 妈妈   māma   　　엄마　　⑵ 哥哥   gēge   형, 오빠
　　⑶ 东西   dōngxi   　　물건　　⑷ 妻子   qīzi   처

2. 제3성 뒤의 경성을 읽어보세요
　　⑴ 体面   tǐmian   　체면　　⑵ 主意   zhǔyi   생각
　　⑶ 晚上   wǎnshang   저녁　　⑷ 好了   hǎole   좋다

중국어와 컴퓨터

여러분 위의 단어들을 모두 잘 듣고 따라서 외웠나요. 단어장에 적었습니까?

참 여러분 중국어사전을 갖고 있습니까? 외국어를 공부하면서 해당 외국어의 사전이 없다면 말이 되나요? 가급적 저렴한 것으로 한권 구입하시기 바랍니다. 요새 학생들은 전자사전을 이용하기도 하더군요.

그런데 이 과목 이름이 "인터넷입문 중국어" 아닙니까? 그러니 모르는 중국어 단어도 다 컴퓨터와 인터넷에서 해결하는 방법을 알아보려 합니다.

우선 여러분들의 컴퓨터에 모두 한글2002 이상이 설치되어 있다고 가정하고 여기서는 한글 2007을 기준으로 설명합니다.

일단 한글을 한자로 바꾸는 것은 다 알고 있지요? 혹시나 해서 간단히 설명합니다.

예를 들어 "학교"라는 단어를 한자로 바꾸기 위해서는 "학교"의 끝에 커서를 놓고 F9키를 누릅니다. 그러면 이렇게 되지요.

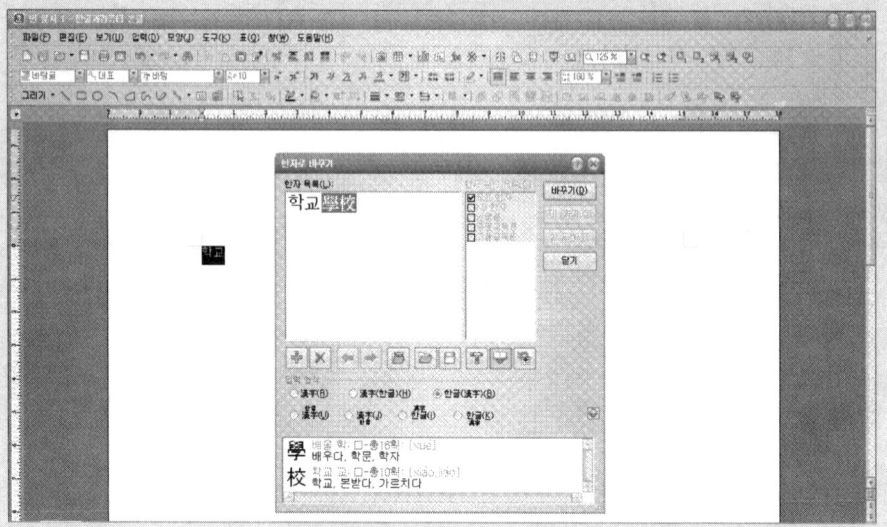

〈그림 15〉 한글 2007화면

이제 엔터를 치면 "학교"가 "学校"로 바뀝니다.

그러면 "学校"라는 말의 중국어 발음을 한글을 통해 알아볼까요. 위의 〈그림 15〉에서 자전(字典) 부분을 크게 확대해 봅니다.

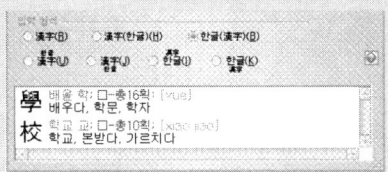

〈그림 16〉 한글 2002의 字典

자전에는 "学校"라는 단어의 뜻과 한국어 발음 그리고 중국어 발음 등이 나와 있는 것을 알 수 있습니다. 즉 "学"은 xué ; "校"는 xiào와 jiào 두 개의 발음이 있네요. 만약 위의 자전이 보이지 않는다면 "자전보이기(책을 펼쳐 놓은 아이콘)"를 클릭하시면 됩니다. 이렇게 하면 모든 한자의 중국어 발음을 알 수 있습니다. 그런데 이 자전이 다 정확한 것은 아닙니다. 너무 100% 믿지는 마세요. 예를 들어 호랑이 "虎 hu"는 한글자전에 제1성으로 되어있는데 사실은 제3성입니다. 잘못된 것이지요. 이런 것들이 드물지만 보입니다. 그러니 역시 아날로그 시대에서 사용하던 종이로 된 사전이 필요하겠지요.

그러면 이제 한걸음 더 나아가 한자의 한어병음을 한글을 이용하여 입력하는 방법을 배워봅시다.

한자의 한어병음을 입력하기 위해서는 한자를 한 글자 한 글자 씩 띄어 써야 합니다.(한자가 붙어있으면 입력불가) 즉 方法을 "方 法"으로 띄어 쓰고 "方"자 앞이나 뒤에 커서를 놓고 "Shift+F9" 키를 함께 누르면 〈그림 17〉과 같이 한자 자전이 뜹니다.

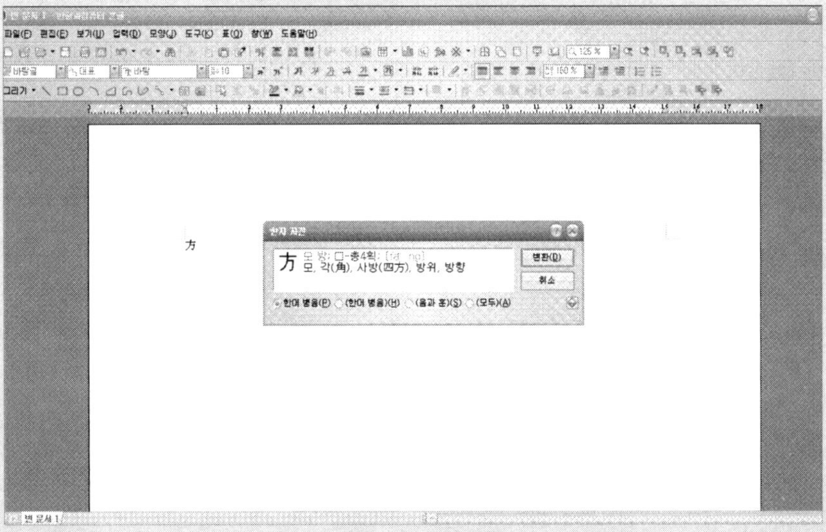

〈그림 17〉 한자 사전 창

이 때 아래와 같이 "한어병음(P)"이란 곳을 클릭합니다.

⊙ 한어 병음(P) ○ (한어 병음)(H) ○ (음과 훈)(S) ○ (모두)(A)

〈그림 18〉 한어병음 선택

클릭을 했으면 엔터를 쳐볼까요.

"方"이 "方fāng"으로 바뀌지요. 만약 두 번째인 (한어병음)(H)을 클릭한 후 엔터를 치면 "方(fāng)"으로 나옵니다. 이렇게 하면 모든 한자의 한어병음을 한글을 통하여 입력할 수 있습니다. 이렇게 간편한 방법을 모르는지 어떤 학생은 영어로 한어병음을 쳐놓고 출력하여 거기에 다시 연필로 성조를 그려 넣는 모습을 본 적이 있지요. 모르면 고생합니다.

잔소리 : 이제 까지는 중국어의 발음과 성조의 종류에 대하여 공부하였습니다. 바라기는 위에 나온 모든 단어를 다 읽고 쓸 수 있기를 ……. 외국어를 잘한다는 것은 외국어의 단어를 많이 알고 있다는 것으로부터 출발합니다. 단어를 알아야 다양한 표현도 가능하지 않을까요? 그러면 다음 주부터는 상황에 따른 회화를 배워보도록 합시다.

다시 말하지만 단어를 꼭 중국어 단어장을 만들어서 암기하시기 바랍니다.

제6강

인사말 익히기

강의목표 :

인삿말 익히기(본문 암기)

♣ 인사말을 배워봅시다

지금까지 배운 중국어 발음을 기초로 하여 이제부터는 우리가 살면서 경험할 수 있는 각각의 경우에 따른 비슷한 표현 방법을 익혀봅시다. 보통 중국어 교재의 회화를 보면 모두 "안녕하세요", "안녕하십니까?"로 시작합니다. 그리고는 더 이상의 대화나 화제의 변화가 없어요. 만약 여러분이 정말 중국인을 만나서 이렇게 말한다면 그 사람과 사귈 수 있을까요? 그러니까 처음만나서 하는 말이 어떤 종류가 있는지, 또 무엇을 이야기해야 하는지 알아야 하지 않을까요. 또 일대 일의 대화와 일대 다수의 대화는 다르겠지요. 그리고 두 번째 만나서는 무엇이라고 말을 걸어야 할까요? 그런데 여러분이 "안녕하세요"만 알고 있다면 듣는 사람의 입장에서 좀 이상하지 않을까요? 이런 것들을 생각하면서 중국어를 배우면 좋을 겁니다. 참 중국어 단어장은 잘 만들고 있는지? 점검입니다. 중국어를 다시 시작한 사람은 여기서부터는 더욱 단어장이 필요합니다. 안다고, 알 것 같다고 그냥 넘어가지 말기를 바랍니다.

众 zhòng								衆 무리 중
计 jì								計 꾀 계
连 lián								連 잇다을 연
设 shè								設 베풀 설
报 bào								報 갚을 보
远 yuǎn								遠 멀 원
转 zhuǎn								轉 구를 전
观 guān								觀 볼 관
术 shù								術 꾀 술
红 hóng								紅 붉을 홍
谁 shuí								誰 누구 수
该 gāi								該 그 해
飞 fēi								飛 날 비
马 mǎ								馬 말 마
讲 jiǎng								講 익힐 강
场 chǎng								場 마당 장

1-1 인사말(6주-1듣기)

你好吗? Nǐ hǎo ma?	안녕하세요?
你好? Nǐ hǎo?	안녕하세요.(답변도 된다)
您好? Nín hǎo?	안녕하십니까?
我很好。 Wǒ hěn hǎo.	(나는) 잘 있어.

■ 단어

你 nǐ는 당신이란 2인칭대명사.

您 nín은 你의 존칭이다. 이 단어는 자신보다 윗사람에게 사용하거나 처음 만난 사람에게 인사할 때 사용하면 좋다.

好 hǎo는 형용사로 "좋다"라는 의미다. 여기서는 인사말로 사용되었다.

吗 ma는 평서문을 의문문으로 만드는 의문조사이다. 우리말의 "~입니까?"에 해당한다. 그러니까 吗는 문장의 맨 뒤에 오고 항상 의문문을 만든다.

我 wǒ "나", 일인칭대명사.

很 hěn "매우" (비교급). 보통 인사말에서 好와 붙어서 很好의 형식으로 사용한다. 이때 很은 정도를 표시하는 부사이고 好는 형용사이다.

■■■ 해설

1. 你와 您에 대하여

중국어의 대명사는 모두 인칭대명사, 지시대명사, 의문대명사 세 종류가 있습니다.

인칭대명사는 我, 你(您), 他, 她, 我们, 咱们, 你们(나, 너, 그, 그녀, 우리, 우리들, 너희들) 등이 있다. 여기서 주의할 것은 "你"와 "您"의 용법이다. "你"와 "您"은 모두 2인칭 단수 대명사이다. "你"는 일반형이고 "您"은 존칭으로 상대를 높여 부르는 말이다. 일반적으로 "你"의 복수는 복수형 접미사 "们"을 붙여 "你们"으로 만들면 단수가 복수형이 된다. 그러나 "您"은 이와 같이 사용할 수 없고 뒤쪽에 수사를 붙여서, 예를 들어 "您二位 nín èrwèi 두 분", "您三位 nín sānwèi 세 분"등으로 표현한다.

2. 吗 ma 조사로 문장 끝에 사용하여 의문의 어감을 표시한다. "吗"는 시비를 가리는 의문문에 사용하여, 질문자가 사건의 전모를 말하고 타인에게 긍정 혹은 부정의 대답을 요구한다. 이러한 종류의 의문문은 의문을 표시하는 특별한 단어가 없어, "吗"를 "呢"로 고칠 수 없다.

보통 중국 사람은 친구의 경우 특히 학교에서 만나면 "밥 먹었어 吃饭了吗? chīfànlè ma?"나 "너 어디 가니? 你去那儿? nǐqù nǎer?"로 묻기도 하는데 이 경우 정말 밥을 먹었는지 안 먹었는지 궁금해서 묻는 것은 아니다. 이런 말도 다른 종류의 인사말인 것이다. 이렇게 인사말은 우리도 그렇지만 습관적인 대화가 많다.

3. 很 : hěn 부사로 많이 쓰이며 "매우"의 의미로, 정도가 상당히 높음을 표시하지만 최고인 것은 아니다.

奶奶 很 爱 孩子们。
Nǎinai hěn ài háizimèn.
할머니는 아이들을 매우 사랑한다.

1-2 간단한 인사

大家好!
Dàjiā hǎo !

여러분 안녕하세요!

老师好!
Lǎoshī hǎo !

선생님 안녕하세요!

早上好!
Zǎoshang hǎo !

좋은 아침입니다!(안녕하세요)

我很好，谢谢。
Wǒhěnhǎo，xièxie.

매우 좋습니다. 감사합니다.

顶好。
Dǐnghǎo.

최고지요. 아주 좋아요.

■ 단어

大家 dàjiā 모두, 여러분　　老师 lǎoshī 선생님

早上 zǎoshang 아침　　我 wǒ 나

很 hěn 매우(비교급)　　谢谢 xièxie 감사합니다

顶 dǐng 최고(최상급)

■■ 해설

1. 大家는 우리말로 한자를 읽으면 "대가"라는 의미로 어떤 분야의 큰 업적을 이룬 사람을 말하지만 중국어에서는 이런 의미가 아니라 여러분이란 의미로 "대중(大众)"을 가리킨다. 老师는 유치원에서부터 대학교까지 학생을 가르치는 모든 선생님을 말한다. 우리가 말하는 선생(先生)이란 단어는 중국어에서는 학식이 많은 사람을 "선생님"이라고도 하지만 "남편"이나 "미스터"라는 의미로도 사용하므로 사용시 주의를 바랍니다.

2. 早上好는 영어의 굿모닝에서 온 말로 젊은 사람들이 주로 사용하는 말이다. 이를 줄여서 "早"(좀 길게), 혹은 "早安(zǎoān)"이라고도 한다. 당연히 굿나잇은 "晚安 wǎnān" 이다. 이때 "晚"이라고는 말하지 않는다.

　중국은 교실에서 수업을 시작할 때 선생님에게 인사를 하는데 학생들이 먼저 선생님에게 "老师好. lǎoshī hǎo(선생님 안녕하세요)"라고 하면 선생님은 학생들에게 "大家好! dàjiā hǎo(여러분 안녕)"이나 "你们好 nǐmen hǎo"라고 대답을 한다. (이때 们men 은 경성으로 발음한다 우리말의 "~들"의 의미로 복수형 접미사이다. 즉 사람을 나타내는 단어 뒤에 붙어 복수를 만든다. 예 : 我们 wǒmen 우리들　你们 nǐmen 너희들　他们 tāmen 그들 学生们 xuéshengmen 학생들 등이 있다)

3. 顶dǐng은 最zuì의 의미와 같다. 최상급의 정도를 표시하는 부사이다. 옛날에 아주 좋음을 표현하는 말로 소위 "떵호아"라는 말이 있었는데 이말은 중국어 "顶好啊!"에서 온 말인 듯하다.

　하나 더, 우리가 중국음식점을 좀 천시해서 하는 말인 짱궤나 짱께는 중국어 掌柜 zhǎnggui에서 온 말인 듯하다. 여기서 掌은 장악하다, 잡다의 의미이고 柜는 상자나 함을 말한다. 즉 "돈 상자"를 가리킨다. 그러므로 장궤(掌柜)는 돈 상자를 장악한 사람 즉 주인을 가리키는 말이다. 그러니 "짱께 먹자"는 말은 맞지 않는 말이다.

1-3 간단한 인사

你身体好吗?
Nǐ shēntǐ hǎoma ?

건강하시지요?(안녕하시죠)

谢谢, 还可以。
Xièxie, hái kěyǐ.

괜찮습니다.

他最近怎么样?
Tā zuìjìn zěnmeyàng?

그는 요새 어떤가요?

马马虎虎。你呢?
Mǎmǎhūhū. nǐne?

그럭저럭 괜찮아요. 당신은요?

我最近很忙。
Wǒ zuìjìn hěn máng.

제가 최근에 좀 바빠요

再见。明天见。
Zài jiàn. Míngtiān jiàn.

안녕히 계세요. 내일 봅시다.

我先走。
Wǒ xiān zǒu.

나 먼저 갑니다.

一会儿见。
Yí hùer jiàn.

잠시 후에 봅시다.

■ 단어

身体 shēntǐ 신체, 건강   谢 xiè 감사합니다   他 tā 그 사람

还可以 háikěyǐ 괜찮습니다(还 hái가 단독으로 사용되면 "여전히, 그런대로"라는 의미이

고 可以 kěyǐ가 단독으로 사용되면 "가능"을 표현한다.)

最近 zuìjìn 최근		怎么样 zěnmeyàng 어떻습니까?
马马虎虎 mǎmǎhūhū 그럭저럭, 대충대충		忙 máng 바쁘다
呢 ne 조사		再见 zàijiàn 안녕히 계세요
明天 míngtiān 내일		一会儿 yíhuìr 잠시(짧은 시간을 가리킨다)
我 wǒ 나		先 xiān 먼저
走 zǒu 가다		

■■ 해설:

1. 还 : hái   부사로 사용된다. 아래와 같은 의미와 용법이 있다.

　(1) "여전히"(仍然, 依然)의 의미로, 상황이 계속 존재함을 표시한다.

　　　多年不见, 你还那么年轻。

　　　Duōnián bújiàn, nǐ hái nàme niánqīng.

　　　여러 해 보지 못하였는데 당신은 여전히 그렇게 젊군요。

　(2) "더, 더욱"의 의미로, 한 단계 나아감을 표시한다.

　　　学完这一节, 我还要写一篇报告书。

　　　Xuéwán zhè yìjié, wǒ hái yào xiě yìpiān bàogàoshū.

　　　이 절을 배우고 나면 나는 또 보고서를 한편 써야한다.

　(3) "그런 대로, 대체로"의 의미로, 기본적으로 이러함을 표시한다.

　　　我这一时期身体还好。

　　　Wǒ zhè yìshíqī shēntǐ háihǎo.

　　　나는 이기간은 몸이 그런 대로 좋다.

2. 怎么样 zěnmeyàng은 의문대명사로 怎样 zěnyàng으로 사용할 수도 있다. 즉 怎과 怎么는 같은 말로 "왜, 어떻게"라는 뜻이다. 여기서 의문대명사에 관하여 정리를 해보자.

　什麼·哪(儿)·谁는 모두 의문대명사이다. 이것들은 그 내용에 따라 문장 가운데에서 주어 또는 목적어의 위치를 차지한다. "什麼"는 사물에 대하여 "哪儿"은 장소에 대하여 "谁"는 사람에 대하여 물을 때 쓴다.

这是什麼?　　　이것은 무엇입니까?

Zhè shì shénmė?

学校在哪儿?　　학교는 어디에 있습니까?

Xuéxiào zàinǎer?

你是谁?　　　당신은 누구십니까?

Nǐ shì shéi?

3. 马马虎虎 mǎmǎhūhū는 줄여서 马虎(mǒhu)로도 쓴다. 두 가지 의미가 있다. "억지로 그럭저럭", 혹은 "대충대충"이란 의미를 표현한다.

日子马马虎虎过得去。

Rìzi mǎmǎhūhū guòdėqù.

세월이 그럭저럭 지나간다.

结婚要慎重怎么能马马虎虎?

Jiéhūn yào shènzhòng zěnmė néng mǎmǎhūhū?

결혼은 신중해야지 어떻게 대충대충 할 수 있니?

4. 你呢? : 여기서 呢에 대하여 알아보자.

　呢는 조사로 문장의 뒷부분에 사용되어 의문의 어감을 표시한다. "呢"를 사용한 의문문은 다양한 의미로 사용된다 ; 때로는 순수한 의문문으로, 때로는 반대의 의견을 제시하면서 타인에게 확정하게 하거나, 때로는 어떤 상황을 제시하고 타인에게 선택하게 하거나, 때로는 반문의 의미를 갖는다.

你怎么不自己去看看呢?　　당신은 왜 스스로 가서 보지 않나요?

Nǐ zěnmė búzìjǐ qù kànkan ne?

这话对不对呢?　　　　　이 말은 맞나요 틀리나요?
Zhèhuà duìbuduì ne?

这本书好呢, 还是那本书好呢?
Zhèběnshū hǎo ne, háishì nàběnshū hǎo ne?
이 책이 좋습니까? 아니면 그 책이 좋습니까?

위와 같은 종류의 의문문에서는 "呢"를 생략할 수도 있다. "呢"를 사용하지 않으면, 의미에는 변화가 없지만 어감이 비교적 단도직입적이 된다. 선택문의 문장에서, "呢"는 습관적으로 전반 구문에만 사용한다 ; 예를 들어, 마지막 예문을 "这本书好呢, 还是那本书好?"로 고칠 수 있다. 이러한 종류의 의문문에서는 "呢"를 "吗"와 교환하여 사용할 수 없다.

5. "再见 · 明天见 · 我先走" 등은 모두 헤어질 때 하는 말이다. 그러나 "一会儿见"은 지금은 헤어지지만 잠시 뒤 다시 만날 것을 약속하는 말이다.

만약 자신이 집주인이고 손님이 자신의 집을 방문하였다가 떠날 때에는 손님은 인사말로 "再见"이라고 하면 주인은 "慢走mànzǒu"라고 한다. "慢走"는 우리말로 "살펴가세요" 정도의 의미이다. 이때 인정상 주인이 손님을 집밖까지 나와서 환송을 하면 손님은 주인에게 "请留步qǐngliúbù"라고 말한다. 우리말로 하면 "나오지 마세요" 정도이다. 이런 상황에서 보듯이 간단한 인사말도 경우에 따라서 사용하는 것이 다양하므로 "再见"으로 모든 것이 다 해결되는 것은 아니다.

6. 走zǒu는 우리말로 읽으면 "주"자로 주자(走者)라는 의미로 사용된다. 즉 "달리다, 뛰다"라는 의미인데 중국어에서 "走 zǒu"는 "걷다"의 의미이다. 중국어에서 "뛰다"는 의미는 "跑pǎo"를 쓴다.

♧ 본문 3과를 전부 녹음하여 이메일로 제출하세요.
　　파일명은 학번과 이름을 사용하세요.

중국어와 컴퓨터

앞에서 한자에 한어병음을 다는 것을 배웠습니다. 여기서는 한글2002를 사용하여 직접 중국어를 입력해 보는 것을 배워봅시다. 아주 간단합니다. 여러분들은 한자의 한어병음만 알고 있으면 되지요. 여기서는 단축키로 배워보겠습니다. 이것도 외웁시다.

먼저 "Alt+F2"키를 동시에 누릅니다. 그러면 다음과 같은 "입력기 환경 설정" 창이 뜹니다. 그다음 입력기 환경 설정창에서 "제2글자판"을 클릭하여 "중국어간체, 병음"을 선택한 후 "설정"키를 누르면 됩니다.

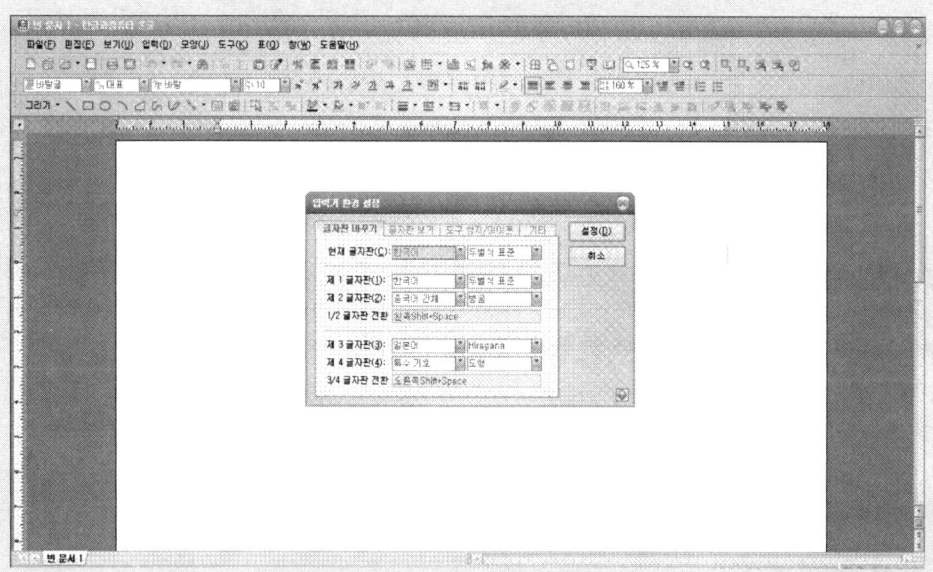

〈그림 19〉 입력기 환경 설정 창

<그림20>, <그림21>은 한글에서 중국어 간체를 직접 입력할 수 있다는 것을 표시하는 것입니다.

이제부터는 한글 2002에서 "왼쪽Shift+Space 바"를 동시에 친후 한어병음을 치면 한국어 입력상태에서 한자를 입력할 수 있는 중국어 입력상태로 바뀝니다. 이것을 확인하는 방법은 한글 2002의 우측 하단이 아래와 같이 바뀝니다.

〈그림 20〉 한글 입력상태

〈그림 21〉 중국어 입력상태

그럼 다 같이 한번 실습을 통하여 한글에서 직접 한어병음 입력을 배워봅시다.

① 컴퓨터에서 먼저 한글2002를 연 후

② "Alt+F2"키를 동시에 누릅니다.(제2글자판을 설정합니다.)

③ "왼쪽 Shift+스페이스 바"를 동시에 친다.

④ "ni"라고 친후 "스페이스 바"를 친다.

⑤ 그러면 "ni"가 "你"로 바뀐 것을 확인할 수 있을 것입니다. 마지막 엔터를 친다.

완성!! 이제 여러분은 한글로 중국어를 직접 입력할 수 있겠네요. 축하합니다.

(참고 : ④번을 완료한 후 화살표(↓)를 누르면 발음이 "ni"인 다양한 한자들이 뜹니다.
여기서 원하는 한자를 고를 수 있습니다.)

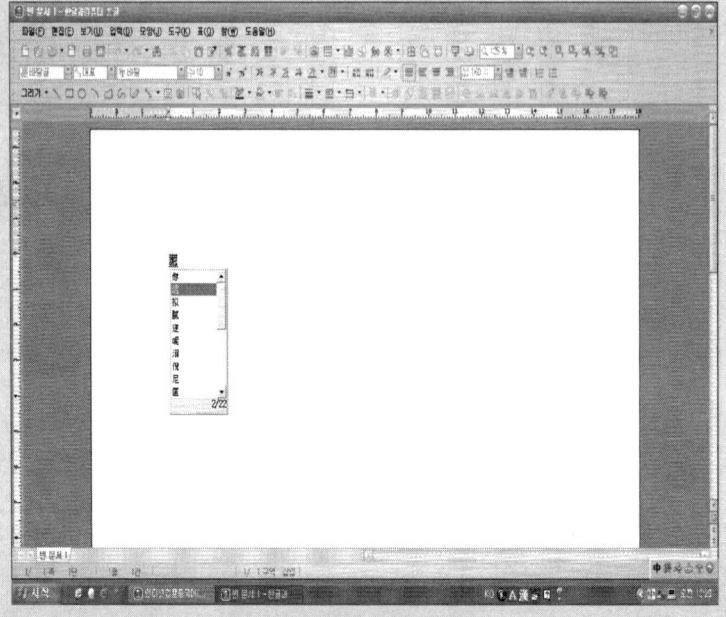

〈그림 22〉 ③번을 완료하고 화살표를 친 상태

제7강
이름 묻고 소개하기

강의목표 :

이름 묻고 소개하기(본문 암기)

앞에서는 여러 사람들과 인사하는 것을 공부했습니다. 이번에는 사람의 이름을 묻고 대답하는 인사말을 배워봅시다.

또 인터넷에서 중국어 보기를 알아둡시다.

脸 liǎn							臉 빰 검
济 jì							濟 건널 제
质 zhì							質 바탕 질
务 wù							務 일 무
儿 ér							兒 아이 아
让 ràng							讓 사양할 양
与 yǔ							與 줄 여
爷 yé							爺 아비 야
极 jí							極 다할 극
爸 bà							爸 아비 파
团 tuán							團 둥글 단
确 què							確 굳을 확
钱 qián							錢 돈 전
树 shù							樹 나무 수
劳 láo							勞 일할 로
块 kuài							塊 흙덩이괴

1. 인사 소개

请问, 您贵姓?
Qǐngwèn nín guìxìng?
실례지만, 성함이 어떻게 되십니까?

我叫陈红。
Wǒjiào Chénhóng.
나는 천홍이라고 합니다.

请问, 他是谁?
Qǐngwèn, tā shì shéi?
실례지만 저 사람은 누군가요?

他是李强。
Tā shì Lǐqiáng.
그는 리치앙입니다.

初次见面, 认识你, 很高兴。
Chūcì jiànmiàn, rènshi nǐ, hěn gāoxìng.
처음 뵙겠습니다. 당신을 알게 되어 매우 기쁩니다.

看到你, 我也很高兴。 당신을 만나서 정말 기쁩니다.
Kàndao nǐ, wǒyě hěn gāoxìng.

好久不见。
Hǎojiǔ bújiàn.
오래간만이네요.

请多多关照。我们多联系吧。
Qǐng duōduō guānzhào. wǒmen duō liánxì ba.
잘 부탁합니다. 우리 자주 연락 합시다.

■■■ 단어

请问 qǐngwèn 실례합니다. 무엇을 물을 때 겸손하게 말하는 표현이다.

谁 shéi 누구, 의문대명사　　　李强 Lǐqiáng 인명, 리치앙

叫 jiào ~라고 부르다　　　　初次 chūcì 처음, 첫 번

见面 jiànmiàn 만나다　　　　认识 rènshi 알게 되다, 인식하다

高兴 gāoxìng 기쁘다　　　　看到 kàndao 보다, 보이다

也 yě 역시　　　　　　　　好久不见 hǎojiǔ bújiàn 오랫동안 만나지 못하다

请 qǐng 부탁하다, 청하다　　多多 duōduō 많이(부사)

关照 guānzhào 돌보다　　　联系 liánxì 연락하다

吧 bà 조사, 청유형

■ 설명

1. 请은 영어의 please에 해당하는 말로 정중한 부탁을 할 때 문장의 앞에 사용한다. 혹은 처음 만난 사람들이 무엇을 알아보기 위하여 질문을 할 때 문장의 앞에 사용한다.

　중국어에는 우리말처럼 존댓말이 없지만 전체적인 문장으로 존경을 표현한다고 할 수 있다. 그러므로 처음 만난 사람에게 질문을 할 때는 반드시 "请问"을 사용하는 것이 예의 바르고 상대방을 존중하는 의미인 것이다.

　　　请问, 你是学生吗?　　　실례지만 당신은 학생이십니까?

　　　Qǐngwèn, nǐ shì xuéshengmà?

2. 您贵姓?　贵姓은 상대의 성을 높여서 물어보는 말이다. 주어를 생략하고 간단히 "贵姓大名? Guìxìngdàmíng?" (성함이 어떻게 되시나요?)이라고도 한다.

3. 谁 : 谁는 shéi, shuí 두 개의 발음이 있다. 그런데 1985년 12월 27일에 제정 공포된 "普通话异读词审音表"에 의하면 shéi가 표준음이고 shuí를 다음자(多音字)로 결정하였다. 그러므로 谁는 shéi로 읽는 것이 맞다.

4. 初次는 처음이란 의미로 "第一次 dìyícì"라고도 한다.

　见面은 "만나다"라는 말이다. 여기서 잠간 중국어의 어법구조에 대하여 살펴본다.

　见面은 "见(동사) +面(목적어)" 구조이다. 즉 목적어가 동사 뒤에 온다. 이런 구조를 동빈구조 혹은 동목구조라고 부른다. 우리말은 "밥을 먹다"라는 말에서 보듯이 목적어가

동사 앞에 온다. 중국어와 한국어의 가장 큰 어법상의 차이라고 할 수 있다.

5. 也 부사로 중국어에서 매우 많이 사용되므로 잘 알아두는 것이 좋다.
　　⑴ "…도, 역시"의 의미로, 앞에서 말한 것과 동일한 점이 있음을 표시한다.
　　　　你去, 我也去。　　네가 가면 나도 간다.
　　　　Nǐqù, wǒyěqù.

　　⑵ 두 번 이상 사용하여, 동시에 존재함을 표시한다. 강조의 작용을 한다.
　　　　风也停了, 雨也停了。　　바람도 멈추고 비도 그쳤다.
　　　　Fēng yětíngle, yǔ yětíngle.

　　⑶ 부드러운 어감을 표시한다.
　　　　你也太客气了。　　그는 너무도 겸손하다.
　　　　Nǐ yě tàikèqilè.

6. 好久不见은 서로 아는 사이인데 오랫동안 만나지 못하다가 만났을 때 사용한다. 이에 대한 대답으로도 好久不见을 쓸 수 있다.

7. 多多 : 중국어에서 일반적으로 형용사를 중첩하여 사용하면 부사가 된다. 그래서 뒤에 오는 동사를 수식할 수 있다. 이렇게 되면 정도에 대한 강조의 의미가 있다.

8. 联系吧에서 "吧"자는 조사로 "~하자"는 의미의 청유형을 나타낸다. 주로 문미(文尾)나 분구(分句)에 사용하여 의문, 감탄, 의논, 청구 등의 어감을 표시한다.
　　　　时间不早了, 赶快走吧!　　시간이 늦었다 빨리 가자!
　　　　Shíjiān bù zǎolè, gǎnkuài zǒubà!

※ 주의 : 吧자는 罢(bà)자로도 쓸 수 있다. 吧를 사용하는 문장은 말하는 어감에 근거하여 문장 끝에 어떤 부호를 사용할 것인가를 결정한다. 吧가 분구(分句)에서 사용되면 정지의 효능이 있어 쉼표를 사용한다.

중국어와 컴퓨터

사람을 소개하는 중국어 회화의 내용을 인터넷을 통해서도 들어보시기 바랍니다. 다양한 것을 공부하는 것도 좋겠지요.

여기에 서울대 허성도 교수의 "중국어 입문" 강의를 소개합니다.

http://basicchinese.snu.ac.kr/lesson.aspx?lessonNo=8

인터넷에서 중국어 보기

이 강의를 처음 준비할 때는 윈도우 xp가 보편화되지 않아서 인터넷에서 중국어나 일본어를 보려면 몇 가지 잔손질이 필요했었지요. 그런데 이제 윈도우xp가 보편화되면서 인터넷에서 중국어를 읽는 것은 그다지 큰 문제가 되지 않게 되었습니다.

그러므로 앞으로 여기에서 전개되는 내용은 최소한 여러분들의 컴퓨터 운영체제에 윈도우 98se/win me/2000의 한글판이 설치되어 있다는 가정에서 출발합니다.

중국어 간체자는 GB code 이고 번체자는 Big5 code인데 우리는 그냥 줄여서 GB, Big5로 부르기로 하지요.

〈그림 23〉 야후 한자가 깨진 모습

자신의 컴퓨터가 중국어를 무난히 지원하는 지를 아는 가장 쉬운 방법은 중국어 웹사이트를 방문하는 것이다. 여기서 한 가지 쉬운 방법을 소개합니다. 야후(yahoo) 한국 사이트에 접속한 다음 맨 아래 까지 내려가서 보면 대만, 중국, 중국어, 홍콩 등의 지역 사이트가 보입니다. 그중에 아무거나 클릭하여(직접 www.cn.yahoo.com을 입력하여도 됩니다.) 보면 (대만-번체, 중국-간체) 여러분 컴퓨터에서 중국어 글자가 모두 잘 보이면 인터넷에서 중국어 읽기는 다 된 것이니 다음 부분은 읽지 않고 넘어가도 됩니다.

그러나 <그림 23>과 같이 글자가 깨져 보일 수도 있습니다. 그러면 필독!!!

위의 중국 야후 사이트는 글자가 깨져서 글자를 알아볼 수가 없네요. 이럴 경우는 아래와 같이 해결할 수 있습니다.

1. 익스플로러 > 메뉴 > 보기 > 인코딩 > 간체나 번체 선택

인코딩을 해도 간체나 번체 메뉴가 보이지 않으면 기타를 눌러 찾아보시기 바랍니다. 찾았으면 선택을 하고 클릭하면 글자가 제대로 보입니다.

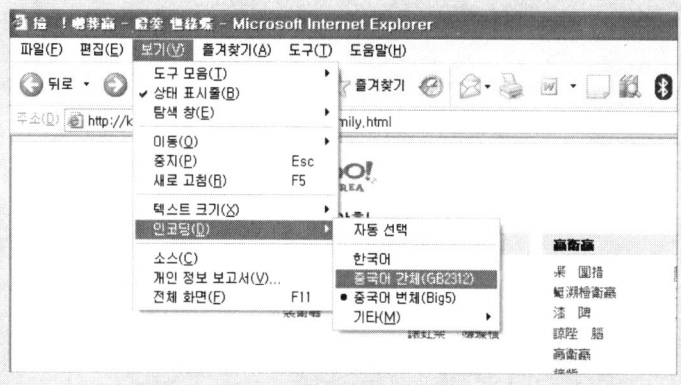

〈그림 24〉도구 메뉴에서 간체자 인코딩하기

2. 깨진 화면에서 마우스 오른쪽을 클릭해도 위와 같은 순서로 설정하면 됩니다.

그래도 안되는 경우는 글꼴을 설치하라는 말이 나오지요. "관련글꼴을 다운받을까요?" 무조건 예스하고 확인을 누르면 됩니다.

그런데 이래도 안되는 경우는 여러분의 컴퓨터에 중국어를 볼 수 있게 하는 중국어 글자체(간체·번체폰트)가 설치되어 있지 않기 때문입니다.

　이전에는 인터넷에서 중국어를 보여주는 중국어 간체나(GB)나 번체자(BIG5) 폰트를 구하여 c:\windows\fonts 폴더에 설치하는 수고를 해야 했지만 지금은 INTERNET EXPLORE 5.0 이상의 버전을 구하여 설치하면 자동적으로 필요한 중국어 폰트를 다운로드하여 인터넷에서 중국어를 볼 수 있습니다. 훨씬 편리해졌습니다. XP에서는 INTERNET EXPLORE 6.0을 지원하니까 걱정이 없고요.

1. INTERNET EXPLORER가 이미 설치된 경우

　INTERNET EXPLORER가 이미 설치되어 있는 경우는 아래와 같이 메뉴의 "도구(T) ->업데이트(U)"를 누르면 마이크로 소프트사의 업데이트 사이트로 이동합니다.

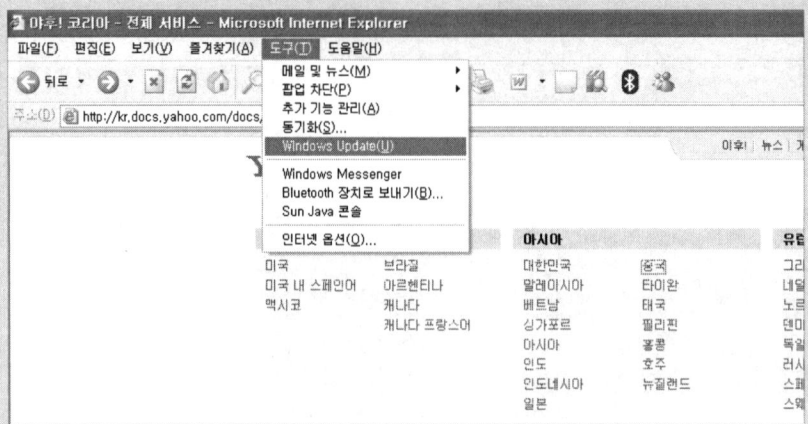

〈그림 25〉 윈도우 업데이트 사이트로 가기

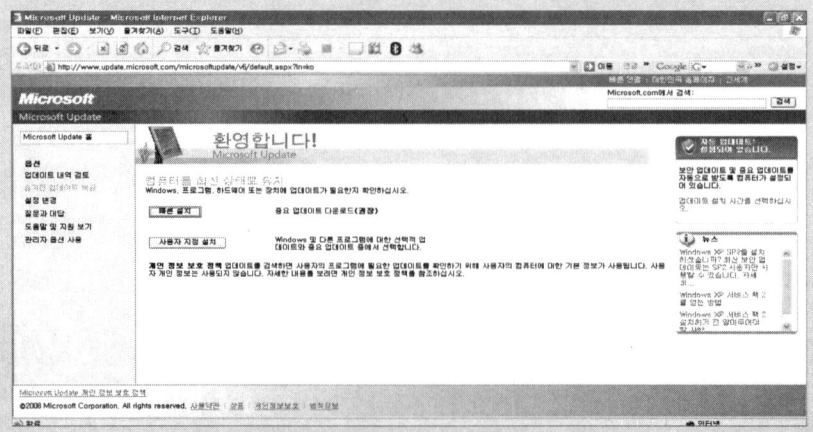

〈그림 26〉 윈도우 업데이트 사이트

위의 <그림 26>에서 제품 업데이트를 클릭한 후 다국어 지원에서 간체자를 선택하면 자동으로 설치하여 줍니다. 이렇게 설치한 후 다시 중국 사이트를 보면 글자를 잘 읽을 수 있습니다.

※ 참고로 NJ Star, Richwin, TwinBridge, Unionway 와 같은 중문워드 프로그램을 설치하면 중국어폰트가 제공되기 때문에 인터넷에서 중국어를 볼 수 있습니다

중국어 성조가 깨질 때

이제 중국어 학습사이트를 공부하다가 부닥칠 수 있는 문제를 한번 해결해 봅시다. 여러분들이 무료 학습사이트를 돌아다니다 보면 중국어 병음과 성조가 깨져 있는 것을 경험한 적이 있을지 모르겠네요. 이럴 때는 다음과 같이 처리해보기 바랍니다.

중국어를 정확히 발음하기 위해서는 반드시 병음을 알아야 하는데 병음이 다음과 같이 깨져서 무슨 암호같이 보이는 경우가 있을 것입니다.

중국어	한어병음
虚拟	x[n&
虚拟世界	x[n&sh*ji7
搜索	s8usu0
检索	ji2nsu0
探索引擎	ji2nsu0y&nq^ng
公告牌系统,	g8ngg3op1ix*t0ng
公告板	g8ngg3ob2n

이것은 사용자의 컴퓨터에 한어병음 폰트가 설치되지 않아서 생기는 문제입니다. 이것을 해결하려면 다음 중국어 사전에서 제공하는 cpinyin font를 다운받아 설치하시면 됩니다.

http://cndic.daum.net/font.html

〈그림 27〉 중국어 폰트 다운로드

위의 〈그림 27〉에서 중국어 폰트 다운로드를 클릭하면 fontsetup 파일이 생깁니다. 이것을 클릭하면 자동으로 여러분의 컴퓨터에 cpinyin.ttf와 cpinyinc.ttf가 생겨 중문파일을 볼 수 있게 됩니다.

〈그림 28〉 중문 자체

windows xp 이전에는 다운로드한 후 위의 폰트 파일들을 반드시 "c : \ windows\ fonts"에 복사해 넣어야 했지만 위의 폰트 설치 파일은 저절로 됩니다. 과거 엉뚱한 곳에 복사를 해놓고 시킨대로 했는데 한어병음이 여전히 깨져 보인다고 항의하는 사람이 의외로 많았습니다.

이제는 확인을 위해 다시 중국어 학습 사이트에 접속하면 완전하게 병음과 성조가 보일 것입니다. 여러분들이 직접 확인해보시기 바랍니다.

제8강
나이 묻기와 GLOBAL IME

강의목표 :

1. 나이를 질문하는 회화를 공부한다. (본문 암기)
2. GLOBAL IME를 설치하고 이용한다.

중국어로 나이를 묻는 것은 상황에 따라 자주 있습니다. 그런데 나이를 묻는 방법도 여러 가지가 있지요. 자신보다 훨씬 나이가 많은 사람에게 다짜고짜로 몇 살이냐고 물을 수도 없고요. 이럴 때 문장이나 단어로 존경이나 겸손을 표현하는 방법들이 있습니다.

准 zhǔn							準 법 준
轻 qīng							輕 가벼울경
紧 jǐn							緊 얽을 긴
刚 gāng							剛 굳셀 강
习 xí							習 익힐 습
历 lì							歷 지낼 역
离 lí							離 떠농올리
错 cuò							錯 섞일 착
米 mǐ							米 쌀 미
张 zhāng							張 베풀 장
备 bèi							備 갖출 비
装 zhuāng							裝 꾸밀 장
铁 tiě							鐵 쇠철
类 lèi							類 무리류
验 yàn							驗 증험 험
据 jù							據 의거할 거

1. 나이에 관하여

你是哪年生的?　　몇 년도에 출생했나요?
Nǐ shì nǎnián shēngde?

我是一九九零年生的。　　나는 1990년 생입니다.
Wǒ shì yìjiǔjiǔlíngnián shēngde.

你今年多大?　　너 올해 몇 살이니?
Nǐ jīnnián duōdà?

我是二十岁。　　나는 20살이다.
Wǒ shì èrshí suì.

您今年多大年纪了?　　당신은 올해 나이가 어떻게 되시나요?
Nín jīnnián duōdà niánjìle?

您今年多大岁数?　　당신은 연세가 어떻게 되십니까?
Nín jīnnián duōdà suìshu?

我五十出头了。　　나는 쉰살쯤 됐어.
Wǒ wǔshí chūtóu le.

您属什么?　　당신은 무슨 띠신가요?
Nín shǔ shénme?

我属鸡。　　나는 닭띠에요
Wǒ shǔ jī.

■■ 단어

今年 jīnnián 금년   哪年 nǎnián 몇 년

生 shēng 출생하다   多大 duōdà 얼마나 큰가, 나이가 얼마인가

年纪 niánjì 나이, 학년   岁数 suìshu 나이, 연세

出头 chūtóu ~남짓하다   二十 èrshí 20

属shǔ 속하다, 属什么하면 관용적으로 띠를 묻는 말이다

鸡 jī 닭

■■ 설명

1. 哪年은 哪一年의 줄임말로 회화에서 상용한다. 哪年의 哪는 여기서 의문대명사로 "어느"라는 의미이다. 그러므로 哪年는 "어느 해" 즉 몇 년도라고 할 수 있다.

    주의 : 那는 4성과 3성 두 가지가 있고 4성으로 "nà"로 사용하면 지시 대명사 "그것"이 되지만 3성 "nǎ"로 사용하면 "어느"라는 의문 대명사를 나타낸다.

2. 你是哪年生的? 이런 문장을 우리는 是~的?의 강조구문이라고 한다. 일반적으로 是와 的 사이에 들어가는 말을 강조한다.

3. 중국어 문장은 간략하게 동사술어문(动词述语文), 형용사술어문(形容词述语文), 명사술어문(名词述语文)의 세가지로 나눌 수 있다.

    여기서 술어문이라고 하는 의미는 주어에 대한 상황을 서술한다는 뜻이며 술어의 품사적 성질에 따라서 술어가 동사이면 동사술어문, 형용사이면 형용사술어문, 명사이면 명사술어문이라고 부르는 것이다.

    술어가 명사로 되어있고 "A는 B이다(A是B)"라는 형식의 문장을 명사술어문이라고 한다. 이때 일반적으로 술어는 주어와 동격이다.

      ⑴ 他是新生。   주어   是   명사

         Tā shì xīnshēng.   그는 신입생이다.

      ⑵ 但以理是老师。   주어   是   명사

         Dànyǐlǐ shì lǎoshī.   다니엘은 선생이다.

명사술어문의 부정문은 동사술어문의 부정문에서 동사 앞에 "不"를 놓듯이 "是" 앞에 "不"를 사용한다. 단 명사술어문의 부정문에서는 "没méi"는 사용하지 않는다.

⑴ 他不是新生。   주어 不是 명사
    Tā búshì xīnshēng.   그는 신입생이 아니다.

⑵ 但以理不是老师。   주어 不是 명사
    Dànyǐlǐ búshì lǎoshī.   다니엘은 선생님이 아니다.

4. "你今年多大年纪了?"에서 "了"는 문미에 사용하는 조사로 확정적인 어감을 표현한다.

好久不见了, 你好吗? 오래 동안 만나지 못했네, 안녕하시지요?

Hǎojiǔ bújiànle, nǐhǎoma?

5. "多+大(형용사)"의 용법

"多+형용사"는 "얼마나+형용사"의 의미로 의문문에서는 정도·범위·수량을 묻거나 감탄문에서는 강한 찬사를 표시한다.

汉城车站多远? 서울역은 얼마나 멉니까?

Hànchéng chēzhàn duōyuǎn?

6. 今年 한국어로 금년이란 의미이다.

작년은 去年 qùnián, 내년은 明年 míngnián이다. 다음 해는 下一年 xiàyīnián이다.

7. 岁数 suìshu 나이라는 의미의 존대어이다. 数를 경성으로 읽음에 주의한다. 좀 더 높임 말로는 贵庚 guìgēng을 사용하여 어른의 나이를 묻는다.

8. 出头의 원래의 의미는 어려운 환경을 극복하고 이겨내는 것이나 앞장서다의 의미이지만 出头 앞에 20, 30 등 정수(整数)의 숫자가 오면 나머지 일단위의 숫자를 표시한다. 따라서 "五十出头"는 "50여세"의 의미이다.

잔소리 : 본문을 다 외우셨나요. 이번 본문은 일부러 매우 짧게 만들었습니다. 유용한 내용 들이니 꼭 암기하시기 바랍니다.

중국어와 컴퓨터

♣ 인터넷에서 중국어 입력

중국어로 된 인터넷 자료는 장차 전세계 인터넷 시장의 과반을 차지할 것입니다. 이것이 우리가 중국어를 알아야하는 이유이고 중국어로 인터넷을 활용할 줄 알아야 하는 이유입니다. 그러므로 우리가 중국어 인터넷을 자유롭게 이용하려면 중국어로 입력을 할 수 있어야 합니다. 자료를 찾기 위한 키워드 검색 때문이지요. 이를 잘 활용하면 여러분이 원하는 자료를 찾을 수 있습니다. 그런데 중국어 입력법은 매우 다양합니다. 한자를 발명했다는 사람의 이름을 딴 창지에와 NJ Star, Richwin, TwinBridge, Unionway 등이 있습니다.

하지만 현재 보편적으로는 GLOBAL IME를 사용합니다. 여러분들이 알아야 할 것은 바로 이것입니다. GLOBAL IME는 한어병음 입력법이므로 한자의 병음만 알면 글자를 입력할 수 있기 때문입니다. 번체자 입력은 자판을 외워야 하기 때문에 나중에 알아보기로 하고 우선 IME 입력법을 배워봅시다.

알아두기 : IME는 중국어를 입력하는 다국적 입력기이기 때문에 중국어 문서를 작성하거나 게시판에 중국어로 글을 쓰고 중국어 채팅을 할 때도 사용할 수 있습니다. 다만 IME는 모든 프로그램에서 작동되는 것은 아니고 익스플로러나 MS-WORD, 다국어 게시판, SINA.COM 같은 중문 웹 메일, 나모 웹에디터, 아웃룩 익스프레스에서는 사용할 수 있으나 한글, 엑셀, 파워포인트, 엑세스, 드림위버, 메모장에서는 작동이 되지 않는다는 점을 참고 하시기 바랍니다.

*GLOBAL IME란?
한국·일본·중국의 윈도우에는 글자를 특수하게 조합하여 입력하는 IME(input method editor)가 있습니다. 원래 이 3개국의 IME는 자국의 윈도우에서만 사용이 가능했는데 마이크로 소프트사에서 컴퓨터의 OS에 관계없이 사용할 수 있는 GLOBAL IME가 개발되었습니다. 따라서 어떤 나라의 윈도우건 상관없이 3개국의 언어팩을 설치하면 한글이나 중국어나 일본어 입력기를 사용할 수 있습니다. 그럼 한번 중국어 입력에 대해 알아볼까요.

마이크로 소프트사의 IME 다운로드 사이트에 접속하시면 아래와 같은 화면이 보입니다. http://www.microsoft.com/windows/ie/ie6/downloads/recommended/ime/install.mspx

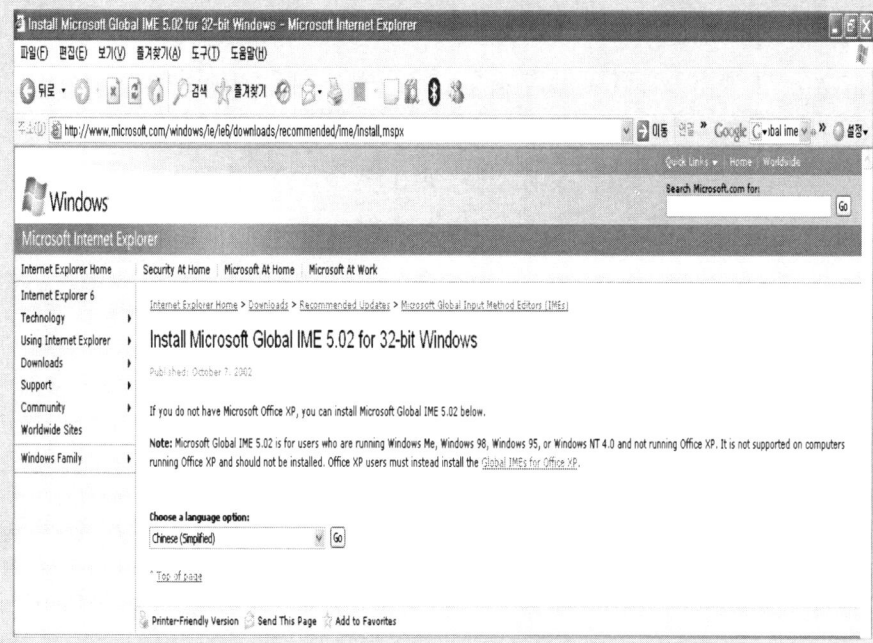

〈그림 29〉 GLOBAL IME 5.02

위의 화면에 "Microsoft Global IME 5.02 for 32-bit Windows"가 보일 겁니다. <그림 29>는 Global IME 간체자의 경우로 드롭다운 메뉴에 Chinese(Simplified)가 자동 선택되어 있습니다. 번자체의 경우는 "Microsoft Global IME 5.02 for Chinese (Traditional)"입니다.

여기서 드롭다운 메뉴를 눌러 "Microsoft Global IME 5.02 for Chinese(Simplified) -with language pack"을 선택합니다. 번자체를 다운받기 위해서는 마찬가지로 "Microsoft Global IME 5.02 for Chinese(Traditional) - with language pack"을 선택합니다.

다운이 완료되면 간자체는 "scmondo.exe"가 번자체는 "tcmondo.exe" 파일이 여러분이 지정한 경로에 있을 것입니다. 파일을 찾아서 더블 클릭을 하면 자동으로 압축이 풀리면서 폰트가 시스템에 설치됩니다. Global IME를 설치한 경우에는 해당 언어팩을 반드시 설치해야 합니다.

♣ 윈도우 xp에서 중국어 IME 입력법

1. www.microsoft.com/china/msdownload/pinyin/oxp.asp로 가서 mspy 5.0을 다운받으세요.

2. 자동으로 인스톨이 되면서 입력창에 지구본(혹은 태극기)이 생겨요.
지구본을 클릭하면 마이크로 소프트 pinyin 입력법이라는 중국어가 보입니다.
혹시 지구본이 안 생기면 제어판에 가서 키보드의 입력 언어를 설정하면 됩니다.

윈도우 XP 제어판에서 중국어 입력 추가법

입력언어를 사용자가 지정하려면
(1) 제어판에서 국가 및 언어 옵션을 클릭.
(2) 입력로케일이나 언어 탭의 텍스트 서비스 및 입력 언어에서 자세히를 클릭
(3) 추가를 클릭하고 중국어(PRC)추가
(4) 추가 상태에서 등록정보를 클릭 여기서 자신에게 편한 입력법만 선택
예를 들어 중국어 간체 병음을 선택

추가설명 : IME에서 중국어 번체자의 입력은 한어병음처럼 발음으로 입력하는 것이 불가능합니다. 그래서 우리가 할 수 있는 가장 손쉬운 방법은 옥편을 찾듯이 부수를 정하고 필획을 찍으면 글자가 쭉 나오는데 그중에 하나를 고르면 입력이 됩니다.

설치를 완료하고 나서 컴퓨터 하단을 보면 그림과 같이 컴퓨터 화면 아래에 지구본 그림이 보입니다. 지구본이 보이지 않으면 컴퓨터를 재부팅해보세요.

〈그림 30〉 IME 지구본

이제 한글 검색창사이트로 이동하여 "北京大学"과 관련된 사이트를 검색하여 봅시다. 여기서는 http://www.google.co.kr/을 이용합니다. 최근에는 중국어 사이트로 이동할 필요도 없이 검색창에 마우스를 클릭한 다음 화면 아래의 KO를 클릭하여 CH(중국어 간체)를 선택하고 北京大学의 한어병음인 "beijingdaxue(북경대학)"라고 검색창에 입력하고 엔터를 치면 다음과 같이 검색창에 "北京大学"가 입력됩니다.

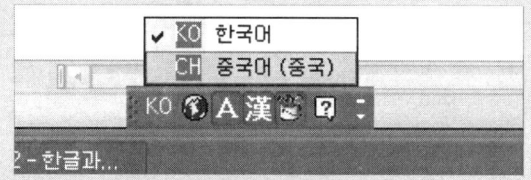

〈그림 31〉 한국어 중국어 호환

그리고 "검색" 버튼을 누르면 됩니다.

〈그림 32〉 구글 검색창에서 北京大学 입력

이상은 윈도우 xp를 중심으로한 설명입니다. 윈도우 98이나 me, 윈도우 2000에서는 IME의 설치사용법을 달리합니다. 다음은 다른 OS에서의 중국어 IME의 설치법입니다. http://www.hbkorean.com/china_lang-center.htm 을 참고하시기 바랍니다. 이런 내용을 알려주는 사이트는 매우 많이 있고 또 자세합니다. 그러므로 여기서는 소개를 생략합니다. 다음 중국어사전에도 자세한 설명이 있습니다.

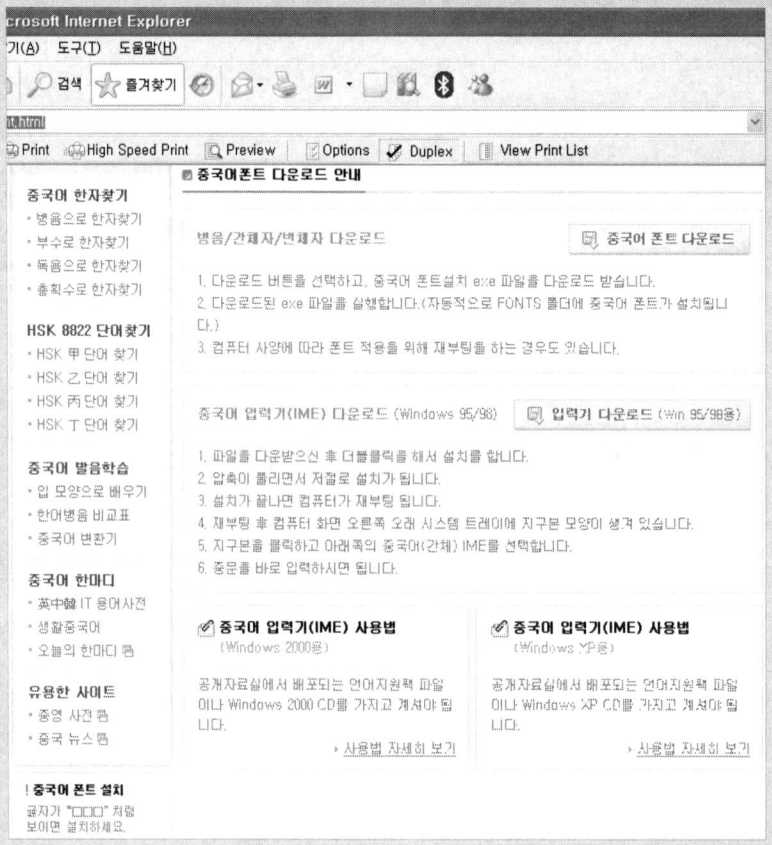

〈그림 33〉 Daum 사이트의 중국어 입력기

♣ Windows Vista에서 중문 IME 입력법

컴퓨터의 발달로 생활이 점차 편리해 지기도 하지만 새로운 것에 적응하기도 전에 또 새로운 것이 나오는 것 같다. Windows Vista에서 IME의 사용법이 XP에 비하여 별 차이가 없지만 낯선 것이 있어 간략히 소개를 합니다.

먼저 Vista의 구를 클릭하여 제어판으로 들어간다.

제어판에서 국가 언어 옵션 중 키보드 기타 입력방법 변경을 클릭한다.

국가 및 언어 옵션에서 키보드 변경을 클릭한다.

텍스트 서비스 및 입력 언어 창에서 추가를 클릭한다.

〈그림 34〉 Vista의 추가 입력언어 제어판 창

입력 언어 추가에서 중국어(중국)를 선택하고 키보드를 클릭한다.
모두 6가지 입력방법이 나오는데 자신에게 편리한 것을 선택하고 클릭한다.
본인은 중국어(간체) Microsoft Pinyin IME를 선택했다.(복수 선택 가능)
마지막으로 확인을 클릭한다. 이제 모든 것이 OK, 완료되었습니다.

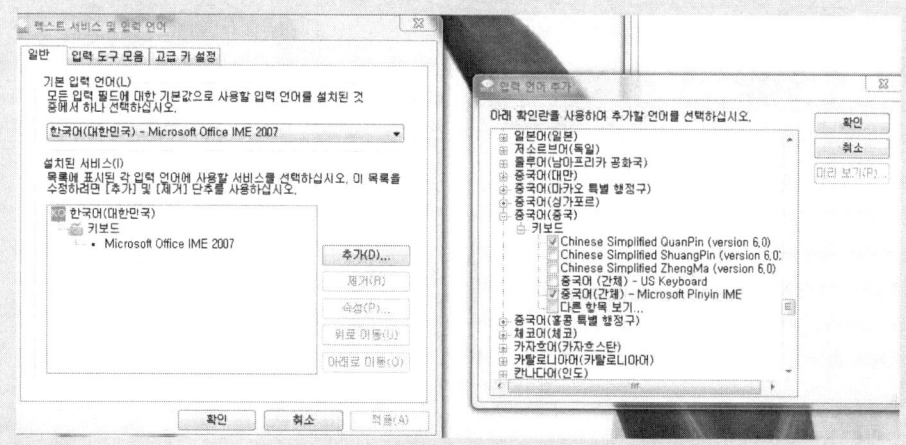

〈그림 35〉 입력언어 추가와 키보드 선택

쉬어가기

　중국돈을 "人民币"라고 합니다. 중국은 "元"을 돈의 단위로 하고 현재 상용하는 인민폐의 액면가는 100元·50元·10元·5元·2元·1元·5角·2角·1角·5分·2分·1分이 있습니다. 1元은 10角과 같고, 1角은 10分과 같습니다. 지폐와 동전 두 종류가 있습니다. 5分·2分·1分의 동전 도안은 한 면은 국가 휘장이 있고, 국가 휘장 위에는 "중화인민공화국" 7글자가 있고, 뒷면의 위에는 보리 이삭의 고리가 있고 고리 가운데는 위에서 아래로 아라비아숫자로 액면가와 한자로 된 액면가로 나뉘어져 있습니다.

　1980년과 1992년에 이어서 발행된 1角·2角·5角과 1元의 동전은 같은 액면의 지폐를 점차 대신하고 있다. 지폐는 발행연도에 따라 도안이 다르고, 현재 자주 눈에 띄는 종류는 모두 노동자·농민·군인·지식인 혹은 각 민족 노동인민의 형상이 인쇄되어 있고, 지폐에는 한자 외에 몽고어·장족어·위그르어 인쇄되어 있기도 하다.

　중국은 1979년부터 금은 기념주화를 여러 차례 발행했고, 도안에도 저명한 건축물·풍경·역사인물·동물 등 다양하며, 액면가가 5元에서 1,000元까지 다양하다.

중국 화폐 : 100元 (모택동 초상화)

제9강
전화회화와 "남극성(nj star)"

강의목표 :

전화회화 공부하기와 중국어 워드프로세서 중 하나인

"남극성(nj star)" 따라하기를 배워봅시다.

较 jiào								較 견줄 교
断 duàn								斷 끊을 단
规 guī								規 법 규
胜 shèng								勝 이길 승
买 mǎi								買 살 매
传 chuán								傳 전할 전
厂 chǎng								廠 헛간 창
送 sòng								送 보낼 송
织 zhī								織 짤 직
击 jī								擊 부딪칠 격
调 diào								調 고를 조
际 jì								際 사이 제
坚 jiān								堅 굳을 견
兴 xìng								興 일 흥
单 dān								單 홀 단
气 qì								氣 기운 기

1. 간단한 전화 회화

喂, 是金先生家吗? 王平在吗?
Wèi, shì Jīnxiānsheng jiāma? Wángpíng zàima?
여보세요. 김선생님 댁인가요? 왕핑이 있습니까?

我就是。请问, 你是哪位?　　　전데요, 누구신가요?
Wǒjiushì.　　qǐngwèn, nǐshì nǎ wèi?

请帮我找一下小民。　　　　　샤오민을 좀 바꿔주세요.
Qǐngbāngwǒ zhǎoyíxià Xiǎomín.

他不在, 刚出去了。　　　　　그는 없는데요, 방금 나갔어요.
Tā búzài, gāng chūqùle.

麻烦您, 让他给我回个电话。미안하지만 제게 전화 좀 달라고 해주세요.
Máfannín, ràngtā gěiwǒ huí gèdiànhuà.

现在占线。　　　　　　　　　지금 통화중입니다.
Xiànzài zhànxiàn.

你的电话号码是多少?　　　　당신의 전화번호가 어떻게 되나요?
Nǐde diànhuà hàomǎ shì duōshao?

我的电话号码是二三四九四五一。내 전화번호는 2349451입니다.
Wǒde diànhuà hàomǎ shì èrsānsìjiǔsìwǔyī.

你打错了。　　　　　　　　　(전화) 잘못 걸었습니다.
Nǐ dǎcuò le.

■ 단어

喂 wèi 여보세요	家 jiā 집
在 zài 있다	就是 jiùshì 바로 ~입니다
哪位 nǎwèi 어느 분	麻烦 máfán 귀찮게 하다
找 zhǎo 찾다	一下 yíxià 한번(동사 뒤에 사용하여 짧은 시간을 표현함)
刚 gāng 방금	出去 chūqù 나가다
让 ràng ~하여금 ~하게 하다. 사역동사	给 gěi ~에게 주다

打电话 dǎ diànhuà 전화를 걸다

电话号码 diànhuà hàomǎ 전화번호   打错了 dǎcuòle 잘못 걸다

■ 설명

1. 喂wèi : 喂는 감탄사로도 쓰이고 사람을 부르는 소리로도 쓰인다. 전화를 할 때는 보통 2성으로 발음한다. 주의할 점은 "喂"가 "짐승에게 먹이를 주다"라는 의미도 있다. 이때는 번체자 餵wèi와 같고 "사육(饲育)하다"라는 의미이다.

    喂, 你上那儿去? 야, 너 어디 가니?

    Wèi, nǐshàng nǎér qù?

2. 你找哪位? 哪位의 位는 사람을 나타내는 양사이다. 사람을 셀 때 한사람 一个人 이라고 할 수도 있다. 여기서 个도 사람을 세는 양사이다. 그런데 位가 个 보다는 정중한 표현이다.
    이렇게 모든 명사는 나름대로 양사를 동반하는데 이들 양사는 각각의 명사마다 다르므로 해당 명사에 맞추어 외어야 한다.

    예 一张纸 yìzhāngzhǐ 종이 한 장   一架飞机 yíjià fēijī 비행기 한 대

3. 중국어 문장은 간략하게 동사술어문(动词述语文), 형용사술어문(形容词述语文), 명사술어문(名词述语文)의 세 가지로 나눌 수 있다. 이 과에서는 동사술어문에 대하여 살펴보자.

    鸟   飞。   새가 난다.
    Niǎo   fēi.
    주어   동사

위의 예문에서 보는 바와 같이 "飞"는 동사이다. 그리고 목적어를 갖지 않으므로 소위 자동사라고 할 수 있다. 그러면 목적어를 동반하는 동사술어문의 예를 한 번 보자.

你　　找　　哪位?　　당신은 누구를 찾으시나요?
Nǐ　　zhǎo　　nǎwèi?
주어　　동사　　목적어

위의 예문에서 보는 바와 같이 "找"는 동사이다. 그리고 목적어를 수반함으로 소위 타동사라고 할 수 있다. 타동사는 자동사와 달리 목적어가 없으면 완전한 문장이 될 수 없다.

4. 我就是에서 "就"는 부사로 용법은 다음과 같다.
　⑴ "곧", "즉시"의 의미로, 즉시 진행하거나 계속하여 발생함을 표시한다. 부사 "一"와 함께 사용하여 시간이 짧고 행동이 빠름을 강조한다.
　　　你先走, 我就来。
　　　Nǐ xiānzǒu, wǒ jiùlái.
　　　당신이 먼저 가시오, 내가 곧 가리다.

　⑵ "반드시(一定)"의 의미로, 굳건한 의지나 긍정적인 어감을 표시한다.
　　　依靠上帝, 就能办好一切事情。
　　　Yíkào shàngdì, jiùnéng bànhǎo yíqiè shìqíng.
　　　하나님을 의지하면 반드시 모든 일을 잘 처리할 수 있다.

　⑶ "이미·벌써"의 의미로 시간을 표시하는 단어 뒤에 사용하여, 사건이 과거에 존재했음을 강조한다.
　　　我早就知道他在北方长大。
　　　Wǒ zǎojiù zhīdao tā zàiběifāng zhǎngdà.
　　　나는 일찍이 이미 그가 북방에서 성장했음을 알았다.

　⑷ "오직", "단지"의 의미로, 범위를 표시한다. 일반적으로 "就是"와 교환하여 사용할

수 있고, 어감이 비교적 무겁다.

全班就他一个人没来。

Quánbān jiù tā yígèrén méilái.

반 전체에서 오직 그만 오지 않았다.

5. 在와 不在

위의 동사술어문의 연장선상에서 동사술어문의 부정문의 형식을 살펴보자.

일반적으로 긍정문을 부정문으로 만드는 방법은 술어를 부정하는 것이다. 술어를 부정하는 방법으로 부정부사 "不"을 동사 앞에 놓아 부정문을 만든다.

    (1) 鸟 不 飞。   Niǎo bù fēi.   주어   不   동사

    새가 날지 않는다.

    (2) 花 不 开。   Huā bù kāi.   주어   不   동사

    꽃이 피지 않는다.

위의 문장에서 보듯이 긍정문을 부정문으로 만드는 것은 아주 쉽다. 부정부사 "不"만 동사 앞에 놓으면 된다. 그러나 과거 시제를 나타내는 긍정문을 부정문으로 만들 때는 일반적으로 부정부사 "不" 대신에 부정부사 "没(有)"를 사용한다.

    (1) 鸟 没(有) 飞。   Niǎo méi(yǒu) fēi.   주어   没   동사

    새가 날지 않았다.

    (2) 花 没 开。   Huā méi kāi.   주어   没   동사

    꽃이 피지 않았다.

주의 : "有"의 부정형은 "没有"이다.

6. 找一下 : "동사 +一下"에 관하여

"一下"는 동사 뒤에 사용하여 "한번"의 뜻을 나타내기도 하지만 "…해 보다"의 의미로도 사용한다.

看一下。 좀 보자.

Kànyíxià.

拍一下他的肩膀。　그의 어깨를 한 번 두드리다.

Pāiyíxià tāde jiānbǎng.

7. 刚gāng 부사로 다음과 같은 용법이 있다.

⑴ "마침·꼭"의 의미로, 시간, 공간, 수량 등이 공교롭게도 바로 그 순간임을 표시한다.

这件上衣你穿刚好。

Zhèjiàn shàngyī, nǐchuān gānghǎo.

이 상의는 당신이 입으니 아주 잘 맞네요.

⑵ "지금·막"(才)의 의미로, 사건이 얼마 전에 발생한 것을 표시한다.

他刚下火车。

Tā gāngxià huǒchē.

그는 막 기차에서 내렸다.

동의어 : "刚刚"과 "刚"의 의미는 같지만, 음절상의 문제 때문에 어떤 때는 전자를, 어떤 때는 후자를 사용한다. 일반적으로 단음절의 단어 앞에는 "刚"을 사용하는 것이 비교적 자연스럽다.

8. 让他给我回个电话。

"让"은 사역동사로 "~로 하여금 ~하게 하다"라는 의미이다. 이런 종류의 동사로 "教", "叫", "使", "令" 등이 있다.

让他慢慢说吧!

Ràng tā mànmàn shuōbà!

그가 천천히 말하도록 해라!

教我受红包。

Jiāo wǒ shòu hóngbāo.

내게 뇌물을 받으라한다.

주의 : "教"가 동사로 사용되면 제1성으로 읽는다.

9. "给"는 동사로 사용하면 "…에게…을 주다"의 의미로 간접목적어와 직접목적어를 갖는다.

张老师给我勇气。

Zhānglǎoshī gěiwǒ yǒngqì.

장선생님은 나에게 용기를 주었다.

10. 再와 又에 대하여

再와 又는 둘 다 "다시, 또"라는 의미로 사용되지만 용법상 차이가 있다.

⑴ 再는 "다시"의 의미로, 동작의 중복 혹은 계속을 표시하며 장차 실현될 것을 의미한다.

一次失败, 可以再试一次。

Yícì shībài, kěyǐ zài shì yícì.

한번 실패해도 다시 한 번 시도할 수 있다.

一次失败, 又试了一次。

Yícì shībài, yòu shìle yícì.

한번 실패하고 다시 한 번 시도하였다.

비교 : 이미 중복된 동작에는 "又"를 쓰고 앞으로 장차 중복 혹은 계속될 동작에는 "再"를 사용한다.

⑵ 再는 "…하고 나서"의 의미로, 뒤의 동작이 앞의 동작을 이어 받는 것을 표시한다.

先到我家, 再到你家。

Xiāndào wǒjiā, zàidào nǐjiā.

먼저 우리 집에 갔다가 다시 너의 집에 가자.

⑶ 再는 "더욱"의 의미로, 정도가 더욱 발전한 것을 표시하며 항상 "也", "都", "就" 등의 부사와 함께 사용한다.

他眼睛好, 再小的字都看得清楚。

Tā yǎnjīng hǎo, zàixiǎodė zì dōu kàndė qīngchu.

그의 눈이 좋아 더 작은 글자도 분명히 볼 수 있다.

⑷ 再는 어감을 강하게 하는 작용을 한다. 주로 부정문 앞에서 사용하며 뒤에 항상 부사 "也"가 온다. 문장 끝에 일반적으로 "了"를 사용한다.

再也没有比这个成绩更好的了.

Zàiyěméiyǒu bǐ zhège chéngjì gènghǎodele.

이 성적 보다 더 좋은 것은 없다

연/습/문/제

남극성을 이용하여 다음 단어를 입력하고 한자 위에 한어병음을 달아보세요.
그리고 그 결과물을 이메일로 보내세요. 파일명은 학번과 이름을 사용하세요.

1. 汗背心 hànbèixīn 러닝셔츠
2. 内裤 nèikù 사각팬티
3. 胸罩 xiōngzhào 브래지어
4. 带子 dàizi 끈
5. 三角裤 sānjiǎokù 삼각팬티
6. 短袖内衣 duǎnxiùnèiyī 반소매 내의
7. 长内裤 chángnèikù 속바지
8. 定型乳罩 dìngxíngrǔzhào 일반 브래지어
9. 无带乳罩 wúdàirǔzhào 끈 없는브래지어
10. 背心乳罩 bèixīnrǔzhào 조끼 브래지어
11. 平脚女裤 píngjiǎonǚkù
12. 紧身裤 jǐnshēnkù 콜셋, 거들
13. 腹带 fùdài 복대(배)
14. 腰封 yāofēng 복대(허리)
15. 建美衣 jiànměiyī 거들
16. 衬裙 chènqún 속치마, 패치코트
17. 棉毛衫 miánmáoshān 메리야스 셔츠
18. 棉毛裤 miánmáokù 내복 바지
19. 绒衣 róngyī 겨울 내복 상의
20. 绒裤 róngkù 겨울 내복 바지

중국어와 컴퓨터

중국어로 전화를 거는 또 다른 회화를 들어보세요. 서울대 허성도교수의 "중국어입문 1 강좌"입니다. http://basicchinese.snu.ac.kr/lesson.aspx?lessonNo=15

중국어를 다시 시작하는 사람들이 가장 힘들어 하는 것이 공부를 하다가 어느 정도 시간이 지나면 본문에 한자의 한어병음이 없다는 것인 것 같습니다. 그런데 한어병음은 처음 공부할 때 발음을 배우기 위한 수단입니다. 그러므로 모든 단어의 한어병음은 외우는 것이 필수입니다. 그럼에도 불구하고 모든 단어의 발음을 다 외우는 것은 불가능하고 또 앞에서 소개한 네이버 중국어사전이나 다음 중국어사전, 한글2002로 일일이 한 단어씩 발음을 찾는 것도 어렵습니다.

그래서 이번에는 한자의 발음을 보다 쉽게 입력하거나 알 수 있는 과거 한글 97과 함께 사용하던 "남극성(nj star)"이라는 프로그램을 소개하려 합니다. 이 프로그램은 중국어 워드프로세서로 30일 한정 사용판이지만 중국어입력이나 한어병음을 알기 위한 것으로는 우리에게 현재 최상의 도구인 것 같습니다. 현재 남극성 5.2까지 나와 있지만 국내에는 남극성(nj star) 4.2가 가장 보편적으로 퍼져 있습니다. 한어병음과 한자의 간체자 번체자

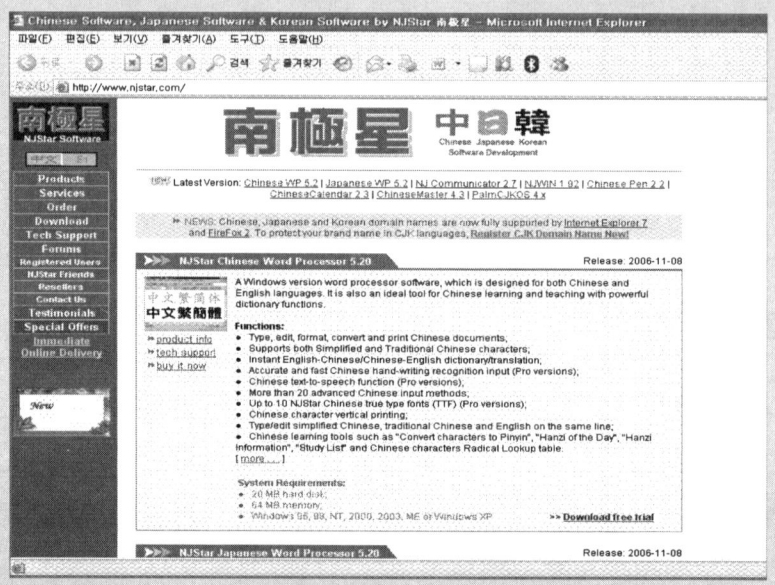

〈그림 36〉 남극성 홈 페이지

를 변환하는 방법만 필요한 우리에게는 이전 버전도 상관 없습니다만 여기서는 남극성
5.2를 기준으로 하여 소개를 합니다. 남극성 홈페이지 http://www.njstar.com/에서 다운
받아 설치하시기 바랍니다.

　남극성(NJ star)은 호주에 거주하는 중국인들이 만든 중국어 워드 프로세서 프로그램입
니다. 남극성은 한글이나 MS-Word에서 제공하지 못하거나 보다 편리한 아래와 같은
몇 가지 기능을 가지고 있어 중국어를 사용하는 사람들에게 널리 사용되고 있습니다. 특히
한중일 삼국의 서로 다른 컴퓨터 환경에서 남극성으로 작성한 문서는 읽을 수 있습니다.
그러니 나중에 중국인과 펜팔을 한다면 이 프로그램은 매우 유용한 프로그램이 될 수 있겠
지요. 남극성의 특징을 아래에 소개합니다.

　1. 한자 자전 - 한자의 병음을 몰라도 어떠한 한자라도 빠르고 효율적으로 찾을 수 있습니
다. 이 기능은 부수로서 한자를 배우기 원하는 사람에게는 유용한 도구가 될 것입니다.

　2. 오늘의 한자 - 한자 퀴즈를 통해 매일 한자를 재미있게 익힐 수 있습니다.

　3. 영중/중영 사전 - 중국어 단어나 한자를 입력하면 뜻 풀이를 영어로 보여줍니다.
입력한 단어뿐 만 아니라 관련어휘를 한꺼번에 보여주며 병음과 성조가 병기되어 있어
매우 편리한 사전입니다.

　4. 다양한 입력 모드 - 문서 작성시 20가지가 넘는 다양한 입력모드를 제공합니다. 입력
한 병음과 비슷한 단어를 보여준다거나 단어의 두자음만으로 입력할 수 있다거나 자주
사용하는 단어를 먼저 보여준다거나 하는 다양한 기능으로 문서의 작성 시간을 단축할
수 있습니다.

　5. 중국어 true type fonts (TTF) 10여개 제공

　6. 병음, 성조를 쉽게 병기할 수 있습니다.

　7. Chinese Rich Text Format (RTF) files - Microsoft Word2000과 호환할 수
있습니다.

*남극성 설치하기

　남극성은 현재 5.2 version까지 출시되었으며 상용프로그램으로 가격은 약 99달러입니다. 그러나 30일 사용 제한 있는 쉐어웨어 버전을 남극성 홈페이지에서 다운로드 받아서 쓸 수 있기 때문에 정품을 구입하기 전에 쉐어웨어를 다운받아 사용하여 보시기 바랍니다. 물론 중국 관련 홈페이지의 자료실에서도 다운받을 수 있습니다.

〈그림 37〉 남극성 파일

〈그림 38〉 남극성 아이콘

　이제 남극성에 대하여 구체적으로 살펴봅니다. 위의 남극성 실행파일을 더블 클릭하여 설치하면 여러분의 컴퓨터에 아래와 같은 아이콘과 초기화면이 생깁니다.

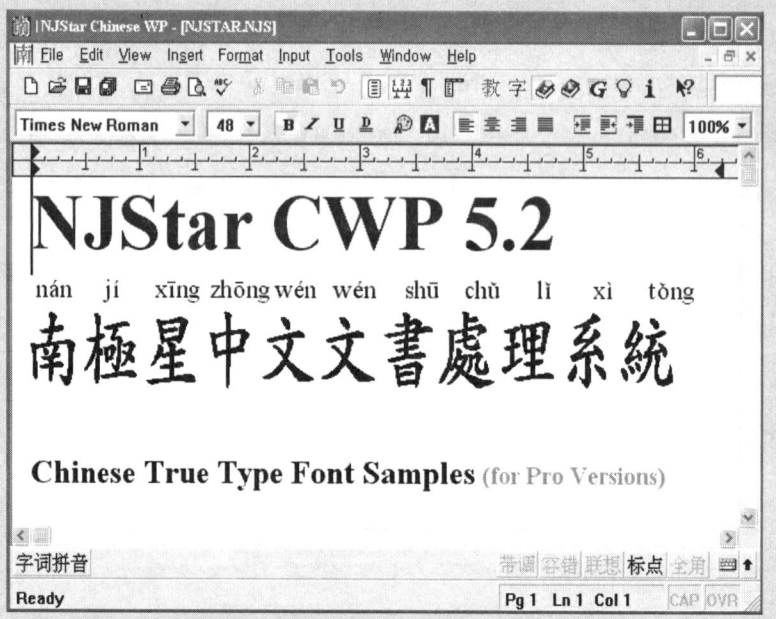

〈그림 39〉 남극성 설치 후 초기 화면

　위의 그림은 영어 인터페이스의 남극성 모습입니다. 중국어 인터페이스로 고치면 다음과 같은 모습입니다. 메뉴 바가 모두 중국어로 바뀐 것을 알 수 있네요.

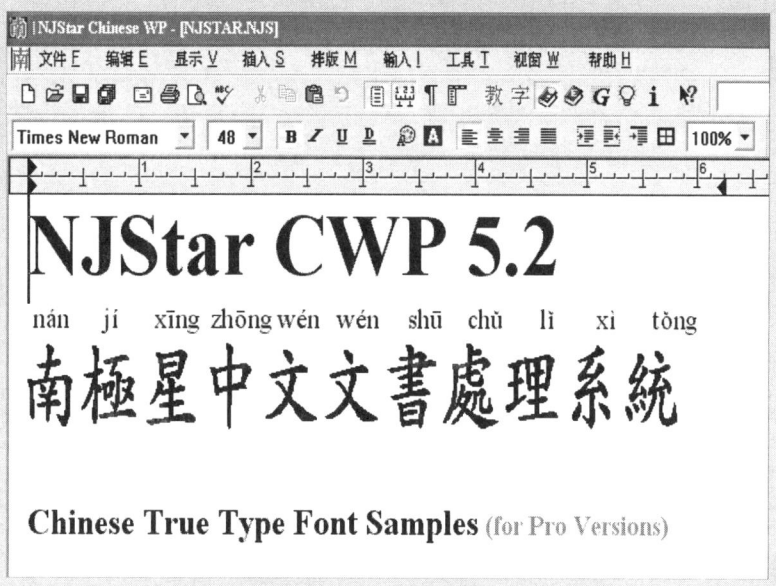

〈그림 40〉메뉴가 한자로 바뀐 남극성

이렇게 메뉴바를 중국어나 영어로 바꾸는 것은 메뉴바에서 View를 클릭한 후 "中文信息界面"을 다시 클릭하면 메뉴바가 중국어로 전환됩니다. 반대로 하면 영어로 바뀌지요. 본문의 해설에서는 이를 반반씩 섞어가며 설명을 합니다.

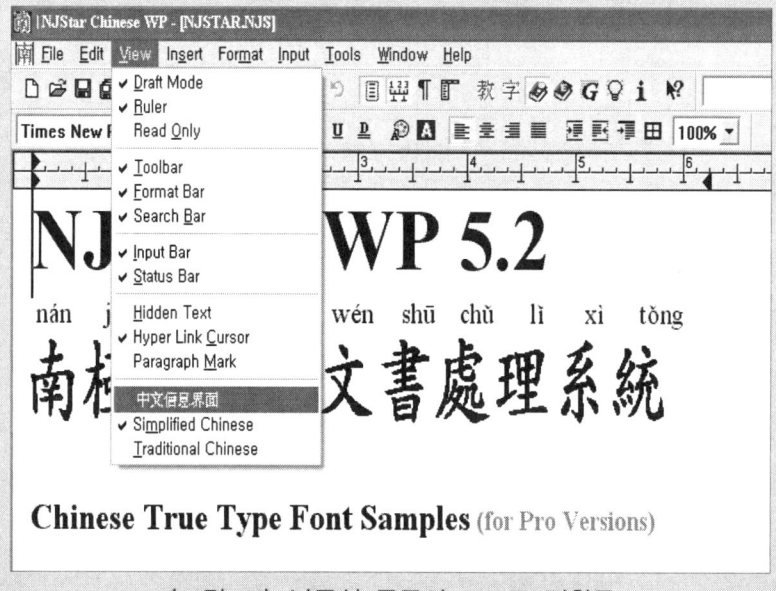

〈그림 41〉남극성 중국어 모드로 전환중

♣ 남극성의 입력과 편리성을 실습해볼까요

첫 번째로 메뉴에서 "Help->Simplified System"이나 "Traditonal System"을 선택합니다. "Simplified System"는 간체자 입력모드이고 "Traditional System"은 번체자 입력모드입니다.

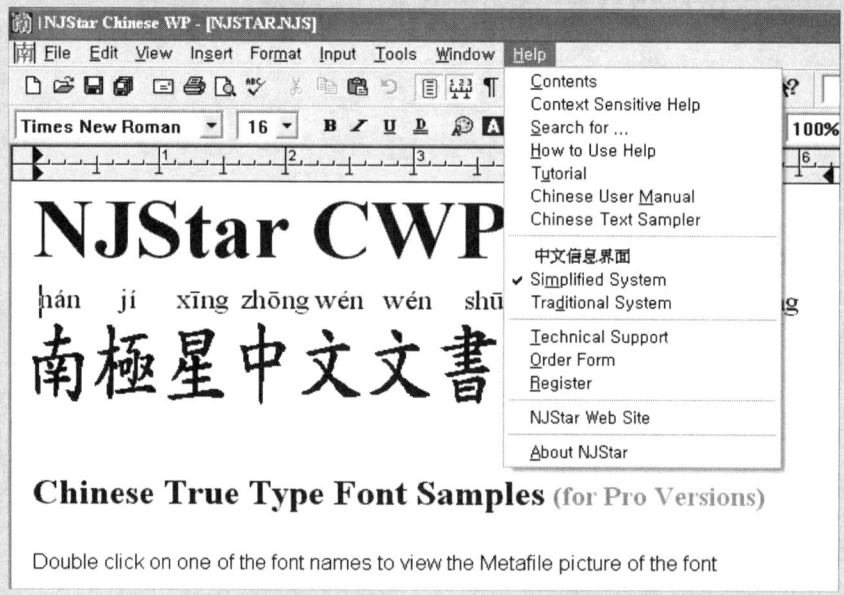

〈그림 42〉 Help->Simplified System 선택 화면

두 번째로 메뉴의 "Input->Online Pinyin"이나 "Standard Pinyin" 선택합니다. 다른 입력모드를 사용하는 분은 "Double Pinyin"이나 "Zhuyin(대만 주음부호)" 같은 모드를 선택합니다.

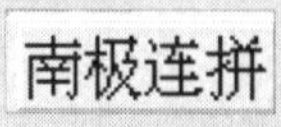

南极连拼

〈그림 43〉

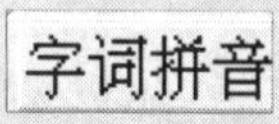

字词拼音

〈그림 44〉

세 번째로 "Online Pinyin"을 선택하면 프로그램 왼쪽 아래의 현재입력모드 표시가 〈그림 43〉처럼 바뀌고 "Standard Pinyin"을 선택하면 〈그림 44〉처럼 바뀝니다.

영어를 입력하려면 Ascii(English)을 선택하면 됩니다. 간단하게 "Ctrl + Space" 키를 눌러도 영어/중국어 입력모드로 쉽게 변환됩니다. 혹은 위의 세 가지 입력모드를 마우스로 클릭만 해도 순서대로 바뀝니다.

<그림 44>의 "字词拼音" 모드는 보통 남극성에 익숙하지 않은 초보자들이 많이 사용하는 입력모드입니다. 입력하려는 단어의 한어병음을 타이핑하면 프로그램 하단에 동일한 병음을 가진 한자가 나열됩니다. 나열된 한자 중에서 원하는 한자를 선택하면 됩니다. 스페이스바를 치면 한 글자씩 뒤로 가면서 선택을 할 수 있습니다.

"南极连拼" 모드는 "字词拼音" 모드보다 훨씬 강력합니다. 병음을 타이핑하다가 띄어쓰기나 스페이스바, 혹은 엔터키, 줄바꿈 등을 해주면 프로그램이 스스로 가장 적당하다고 생각하는 한자로 바꿔주는 기능입니다. 만약 자신이 생각하는 한자가 아닐 경우 커서만 옮기면 거기에 해당하는 한자가 쭉 나오게 됩니다.

또한 문장 단위로 중국어를 입력할 수도 있습니다. 이 모드는 프로그램에 익숙해지면 훨씬 빨리 문서를 작성할 수 있습니다. 편리한 것은 "字词拼音"을 클릭하면 "南极连拼"으로 바뀌고 "南极连拼"을 클릭하면 "英文ascii" 영어입력상태로 바뀝니다. "英文ascii"를 클릭하면 다시 "字词拼音"으로 바뀌어 원하는 클릭 한번으로 쉽게 입력방법을 선택할 수 있습니다.

또 한 가지 더 번체자 입력에 대하여 알아보도록 하겠습니다.

"Input->Zhuyin을 치면 <그림 45>와 같이 대만식 번체자를 입력하는 3가지 방법이 나옵니다.

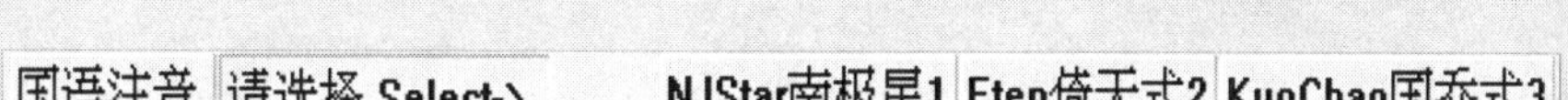

| 国语注音 | 请选择 Select-> | | NJStar南极星1 | Eten倚天式2 | KuoChao国乔式3 |

〈그림 45〉 번체자 입력 상황

여기서 우리는 첫 번째 "NJstar 南极星"을 선택합니다. 그런 후 한어병음을 입력하여 "jia"를 치면 동음(同音)의 번체자가 쭉 보입니다. 여기서 원하는 글자를 클릭하면 입력이 됩니다. 혹은 숫자를 입력해도 원하는 글자가 입력됩니다(<그림 46>참조). 아주 쉽지요. 직접 실습을 해보면 더욱 쉬운 것을 알 수 있습니다.

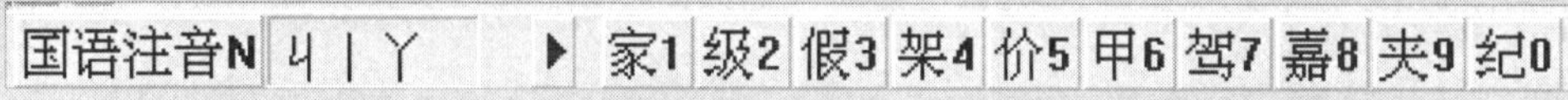

〈그림 46〉 번체자 jia 입력상황

이제 남극성을 이용하여 보다 능률적인 타이핑을 하기 위한 내용을 설명합니다.

컴퓨터 하단 오른 쪽의 입력바를 보면 몇 가지 선택모드가 있습니다.

〈그림 47〉 字词拼音 모드

〈그림 48〉 南极连拼 모드

이제 위의 <그림 47>과 <그림 48>의 입력모드를 순서대로 설명합니다.

[带调]는 병음과 성조를 동시에 입력하여 글자를 입력하는 방법입니다. 같은 병음을 가진 한자가 너무 많거나 병음과 성조를 확실히 알고 있을 때 병음과 성조를 함께 입력하면 병음과 성조가 일치하는 글자만 나열되기 때문에 보다 빨리 글자를 찾아 입력할 수 있습니다.

[容错]은 "착오를 허용한다"는 뜻으로 입력한 병음과 다소 틀리거나 비슷한 병음을 가진 한자까지 보여줍니다. 정확한 발음을 모를 경우 유용합니다.

[联想]은 최소한의 키 입력으로 글자를 찾을 수 있는 매우 편리한 기능입니다. 어떤 한자를 입력했을 때 그 한자와 관련되는 단어들을 모두 보여줍니다.
예를 들어 [联想]모드를 클릭한 다음 "zhong1"을 입력하고 "中"을 선택합니다. 그러면 아래와 같이 관련 한자들이 각자의 사용빈도에 따라 보여집니다.

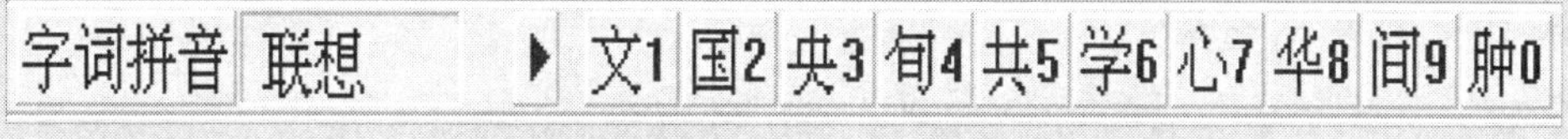

字词拼音 联想 ▶ 文1 国2 央3 旬4 共5 学6 心7 华8 间9 肿0

〈그림 49〉 연상모드의 한자 선택 창

이들은 모두 "中"자와 관련이 있는 한자입니다. 예를 들면 중문, 중국, 중앙, 중순, 중공, 중학, 중심, 중화, 중간 등등입니다. 뒤에 나오는 단어를 그냥 선택만 하면 입력이 되는 것입니다. 중화민국(中华民国)같이 긴단어는 입력이 더 편리하겠지요.

[标点]는 중국식 표기부호와 영어식 표기부호를 바꿔주는 기능입니다.

[全角]은 바로 1바이트와 2바이트 언어를 바꿔주는 기능입니다.

[整句]는 南极连拼音 모드에서만 사용하는 기능으로 병음을 타이핑한 후 쉼표나 마침표 키를 눌러야만 한자로 변환할 수 있게 하는 기능입니다. 초보자는 몰라도 좋을 것 같네요.

[记忆]는 병음을 입력하면 입력바에 여러 개의 같은 음을 가진 한자가 나타나는데 가장 최근에 사용한 글자를 가장 앞으로 보내는 기능입니다. 어떤 글자가 제일 앞에 있을 경우 1번을 누를 필요 없이 스페이스바 만 누르면 입력이 되므로 아주 편리한 기능입니다. 자주 사용하는 글자일수록 입력을 빠르게 하기 위하여 제일 앞에 위치하게 됩니다.

♣ 병음 약자로 입력하기

남극성 병음 모드에서는 한자의 병음을 모두 치지 않고 병음의 약자만 쳐서 단어를 입력할 수 있는 기능이 있습니다. 예를 들어 북경시를 입력하기 위해서 병음 "beijingshi"를 타이핑 하지 않고 약자인 "bjsi" 만 타이핑해도 "北京市"가 뜹니다.

"大学"을 입력하기 위해 병음 "daxue"를 모두 타이핑하지 않고 "dx" 만 타이프 해도 "大学"이 뜹니다. 이런 것들은 직접 해보시기 바랍니다. 숙달되면 문서 작성시간을 상당히 단축할 수 있습니다.

♣ 한자 자전 이용법

한자의 병음을 몰라 입력할 수 없거나 한자의 뜻을 알고 싶을 경우에는 한자 자전을
이용하면 쉽게 찾아서 입력할 수 있고 뜻도 알 수 있습니다.

남극성 초기화면의 상단 메뉴에서 "字"라는 한자아이콘을(<그림 39>참조) 누르면 아래
와 같은 화면이 뜹니다.

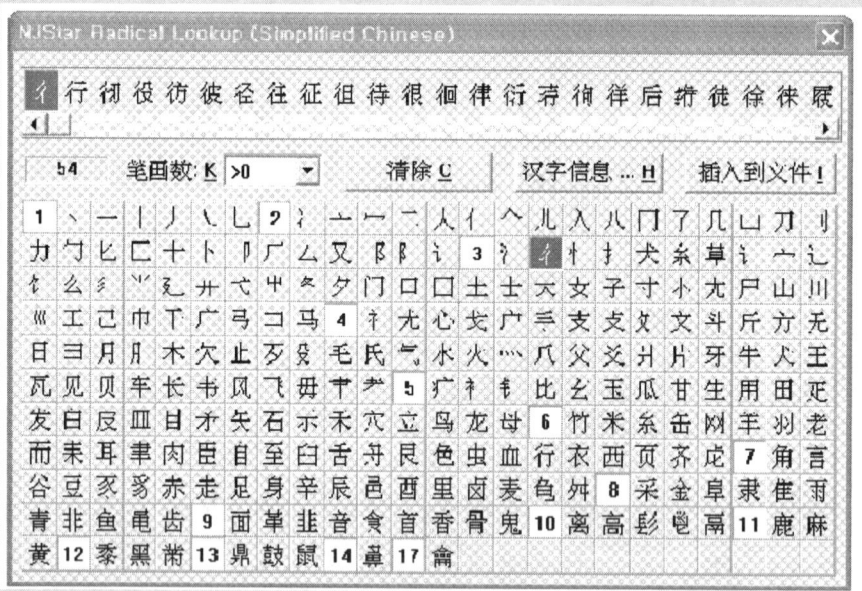

〈그림 50〉 남극성 자전

찾으려는 한자의 부수를 선택하면 화면 상단에 해당부수를 가진 글자가 모두 뜹니다.
위의 경우는 부수 두인변 "彳"을 선택한 장면입니다. 숫자 "54"는 "彳"부수에 속한 글자가
모두 54자임을 말합니다. 그 옆의 "笔画数(Strokes)"에 원하는 한자의 획수를 클릭하면
정해진 획수를 가진 한자만 뜨기 때문에 더 쉽게 찾을 수 있습니다.

"汉字信息(Hanzi Information)" 버튼을 누르면 해당하는 한자의 뜻을 알 수 있고 "插
入到文件(Insert to File)" 버튼을 누르면 문장에 해당 한자가 삽입됩니다.

♣ 남극성 중영사전 이용법

메뉴에서 다음과 같은 중영 사전 아이콘을 클릭하면 아래처럼 중영사전 창이 뜹니

다. 검색창에 한자를 입력한 다음 Enter 키를 치면 하단에 관련 단어가 병음,성조와 함께 영어로 된 설명을 볼 수 있습니다.

예를 들어 한자 "心"을 입력하고 Enter를 치면 아래처럼 무려 498개의 단어가 영어로 풀이가 되어 뜹니다. 직접 해보시기 바랍니다. 이런 상태에서 첫 번째 단추인 삽입한자를 치면 선택한 한자 단어가 본문에 입력됩니다. 두 번째 단추 삽입사조(插入词条)를 치면 한자단어와 영어까지 모두 본문에 삽입이 됩니다.

〈그림 51〉 남극성 중영사전

♣ 병음/성조 병기 기능

남극성은 중국어 문장에 병음과 성조를 쉽게 병기할 수 있습니다. 이 기능은 중국어를 처음 배우거나 다시 배우기 시작한 사람에게 유용합니다. 특히 중국어를 가르치는 선생님이 학습교재를 만드는데도 아주 유용합니다.

아래 그림과 같이 중국어 문장을 입력하고 반드시 문장을 블록으로 지정합니다. 그리고 메뉴의 "공구(工具 汉字转拼音: Tools – Convert Hanzi to Pinyin)" 을 선택합니다.

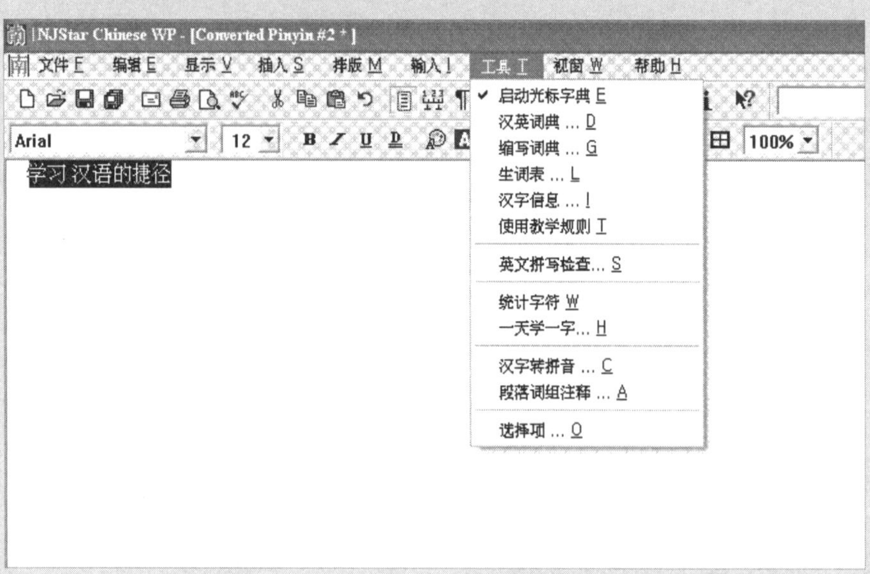

〈그림 52〉 한자에 병음을 달기 위한 모드

그러면 다음과 같은 대화 상자가 뜨는데 간단한 한자(영어)로 되어 있어 쉽게 내용을 이해할 수 있을 것입니다.(남극성의 영어·한자 전화 방법은 <그림 40>·<그림 41>참조)

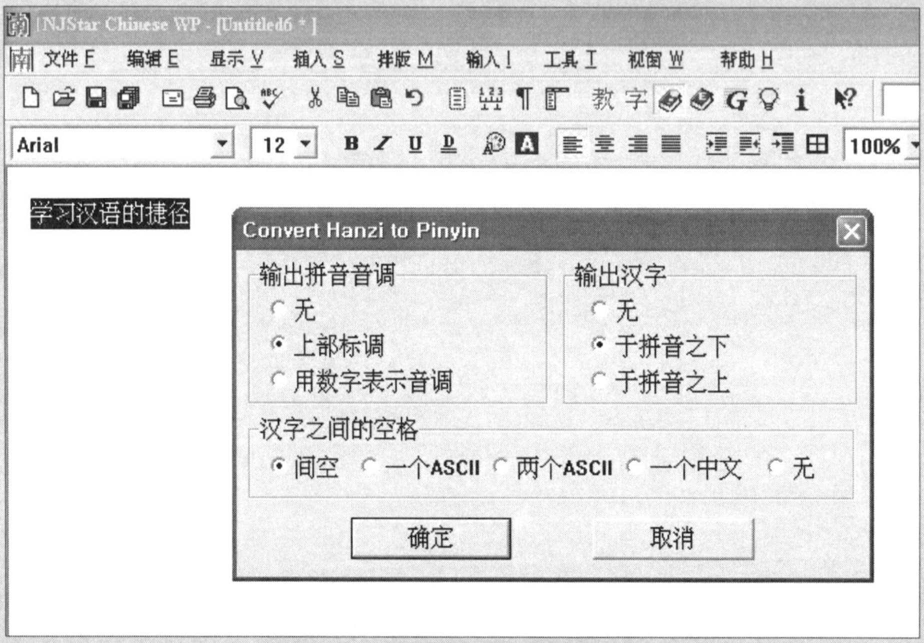

〈그림 53〉 남극성의 한어병음 변환기

"输出汉字(Output Chinese)"는 한자가 어디에 위치할 지를 묻는 항목입니다. 병음만 적어도 되고(None), 한자가 병음 아래에 위치하거나 "于拼音之下(Under Pinyin)", 한자가 병음 위에 于拼音之上(Above Pinyin) 위치시킬 수 있습니다. 그냥 건드리지 않고 확정을 클릭하면 다음과 같이 됩니다.(주의 : 문서 내용 중에서 범위를 선택하지 않으면 tools 메뉴에서 Hanzi to Pinyin Conversion항목이 나타나지 않습니다.)

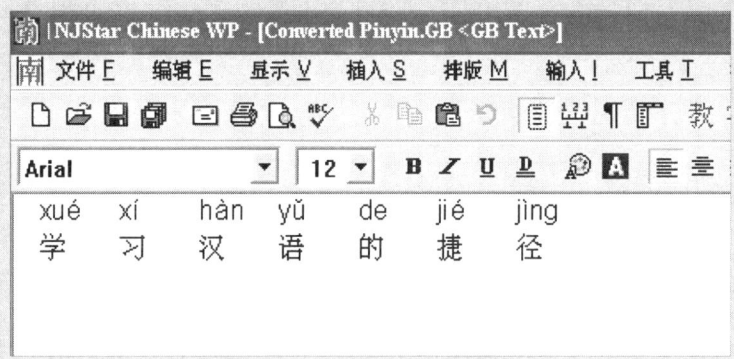

〈그림 54〉 한자 위에 한어병음 달기

참고로 한자 병음으로 문서를 변환하고 나면 동일 문서에서 블록 설정 부분만큼 변환되는 것이 아니라 변화된 블록이 새로운 문서로 만들어 집니다. 즉 원문은 그대로 있고 새로운 문서가 생긴 것입니다. 이 점이 한글과 다른 점입니다 .

남극성 5.2가 이전의 4.2와 가장 다른 점은 남극성에서 작성한 문서를 직접 이메일로 보낼 수 있다는 것입니다. 그러므로 상대의 메일 주소를 안다면 글자가 깨지지 않고 아래와 같이 메일을 보낼 수 있습니다.

메뉴 바에서 편지봉투(Send mail))처럼 생긴 것을 클릭하면 다음과 같이 됩니다. 직접 이메일을 보낼 수 있는 것을 알 수 있습니다. 아래 화면에 보이는 Big5는 번체자를 말합니다. 쉽지요. 편지를 보내기 위해서는 먼저 setup을 한 후 편지를 보내야 합니다.

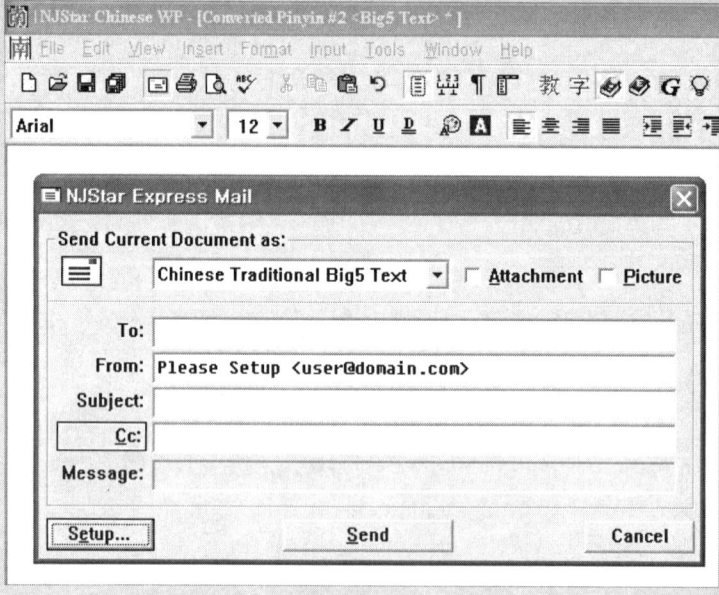

〈그림 55〉 남극성 이메일박스

제10강

날짜와 요일

강의목표 :

날짜, 시간, 계절에 관한 회화를 익힌다.

날짜 시간 계절에 관한 비슷한 내용에 대한 다양한 표현을 공부해 보도록
합시다. 또 중국뉴스를 들을 수 있는 방송을 소개합니다.

压 yā								壓 누를 압
围 wéi								圍 둘레위
专 zhuān								專 오로지 전
严 yán								嚴 엄할 엄
广 guǎng								廣 넓을 광
复 fù								復 돌아올 복
议 yì								議 의논할 의
联 lián								聯 잇달 련
艺 yì								藝 심을 예
帮 bāng								幫 도울 방
鱼 yú								魚 고기 어
积 jī								積 쌓을 적
坏 huài								壞 무너질 괴
诉 sù								訴 하소연할소
桥 qiáo								橋 다리 교
饭 fàn								飯 밥 반

1. 날짜와 요일(10주 듣기)

現在几月?
Xiànzài jǐyuè?

지금 몇 월입니까?

現在是四月。
Xiànzài shì sìyuè.

지금은 4월입니다.

今年是多少年?
Jīnnián shì duōshaonián?

금년은 몇 년입니까?

今年 是 二零零八年。
Jīnnián shì èrlínglíngbā nián.

금년은 2008년입니다.

你的生日是几月几号?
Nǐde shēngrì shì jǐyuè jǐhào?

당신의 생일은 몇 월 며칠입니까?

我的生日是五月十号。
Wǒde shēngrì shì wǔyuè shíhào.

내 생일은 5월 10일입니다.

你们什么时候放假?
Nǐmèn shénme shíhou fàngjià?

너희들은 언제 방학하니?

我们六月二十一号放假。
Wǒmèn liùyuè èrshí yíhào fàngjià.

우리는 6월 21일에 방학합니다.

今天星期几?
Jīntiān xīngqī jǐ?

오늘은 무슨 요일인가요?

今天是星期三。
Jīntiān shì xīngqīsān.

수요일입니다.

■■ 단어(mp3듣기)

今年 jīnnián 금년   今天 jīntiān 오늘
现在 xiànzài 지금   生日 shēngrì 생일
号 hào 일, 번호 什么时候 shénme shíhou 언제
放假 fàngjià 방학하다   星期三 xīngqīsān 수요일
零 líng 영, (0)

■■ 설명

1. 几月 : 几jǐ 는 "얼마"의 뜻으로 10이하의 숫자로 예상되는 경우 물어보는 방법이다.
일반적으로 10이 넘으면 多少duōshǎo를 사용하여 묻는다.

　　一连下了几天雨, 气候转凉了。
　　Yìliánxiàle jǐtiānyǔ, qìhòu zhuǎnliánglе.
　　계속해서 며칠 비가 내리고 기후가 시원하게 변했다.

2. 什么时候 : 什么는 의문대명사로 "무엇"이라는 뜻이다. 입문 중국어에서 알아야할
의문대명사를 복습해보자.

　　보통 "什麼"는 사물에 대하여 "哪儿"은 장소에 대하여 "谁"는 사람에 대하여 물을 때
쓴다.

　　这是什麼?   이것은 무엇입니까?
　　Zhè shì shénmе?

　　学校在哪儿?   학교는 어디에 있습니까?
　　Xuéxiào zàinǎér?

　　他是谁?   그는 누군가요?
　　Tā shì shéi?

3. 六月二十一号 :
　　중국어로 "3일"은 "三号"이고 "3일간"은 "三天"이라고 한다. 즉 "一天"은 "하루"라는

의미이며 "1일"이 아니다.

4. 星期三 : 중국어로 월 화 수 목 금 토 일을 배워보자. 星期日를 礼拜天이라고도 한다. 礼拜天은 기독교 신자들이 이날 예배를 드리기 때문에 생겨난 명칭이다.

　　　星期一　xīngqīyī　　　월요일
　　　星期二　xīngqīèr　　　화요일
　　　星期三　xīngqīsān　　수요일
　　　星期四　xīngqīsì　　　목요일
　　　星期五　xīngqīwǔ　　　금요일
　　　星期六　xīngqīliù　　　토요일
　　　星期日　xīngqīrì　　　　일요일
　　　礼拜天　lǐbàitiān　　　일요일

♣ 인칭대명사 我们과 咱们의 용법

我们과 咱们은 모두 1인칭복수 대명사이다. 이 둘은 사용범위가 서로 다르므로 주의를 요한다. 咱们은 대화자 쌍방, 즉 말하는 이와 듣는 이를 모두 포함한다. 그러나 我们은 말하는 사람들이 모두 포함될 수도 있고 어느 때는 말하는 쪽만을 표시하기도 한다. 그러므로 듣는 쪽은 我们의 범위에 포함될 때도 포함되지 않을 때도 있다.

① 我们都是学生, 你学习汉语, 我学习日语.

　　Wǒmen dōushì xuésheng, nǐ xuéxí hànyǔ, wǒ xuéxí rìyǔ.

　　우리는 모두 학생인데 너는 중국어를 배우고 나는 일본어를 배운다.

② 你学习汉语, 我们学习日语.

　　Nǐ xuéxí hànyǔ, wǒmen xuéxí rìyǔ.

　　너는 중국어를 배우고 우리는 일본어를 배운다.

위의 예문 ①에서 我们은 말하는 이와 듣는이 모두를 포함하지만 ②는 말하는 사람만을 포함하고 듣는 쪽은 제외되었다.

중국어와 컴퓨터

중국어 동호회 및 각종 학습 사이트
오픈차이나21 http://www.openchina21.com
유니텔 중국어동호회 http://users.unitel.co.kr/~unichina
한어수평고시(회원가입) http://cafe.daum.net/hskkorea

중국유학생이 만든 사이트 중국어 공부 사이트입니다. Lao shanghai라고 하는 네이버 카페에요. 중국에 관한 소식도 많고 메뉴가 다양합니다.

http://cafe.naver.com/laoshanghai.cafe?iframe_url=/ArticleRead.nhn%3Farticl
eid=5533

〈그림 56〉 Lao shanghai

이 외에도 수 많은 학원과 개인들의 사이트들이 있습니다. 여기서는 유명한 것만을 예로 들었습니다.

보충자료

중국 영화 대본을 통해 중국어를 배우고 싶다면 김기범씨가 운영하는 '소림 중국어'(http://myhome.netsgo.com/shaolin4/)를 이용하는 것도 괜찮다. 지존무상, 천녀유혼, 천장지구 등의 유명 영화들의 대본과 대사를 통해 '스크린 중국어'를 배울 수 있다.

그리고 중문과 학과 게시판에 영화 "소림축구"와 "북경자전거" 대본을 올려놓았으니 다운 받아 공부하기 바랍니다.

인터넷 라디오 방송을 이용하면 그 날의 생생한 소식을 들을 수 있어 중국어 듣기 연습에 도움이 됩니다. 초급자는 좀 어려울 것이지만 만약 영어 실력이 어느 정도 있다면 외국의 중국어 웹사이트를 이용하는 것도 좋을 것이다.

'미국의 소리 중국어 방송' http://www.voanews.com/chinese/과 '라디오 프리 아시아' (http://www.rfa.org/mandarin/index.cgi)는 하루 중 어느 때나 접속해서 생생한 인터넷 라디오 방송을 통해 중국어 듣기 능력을 높일 수 있는 곳입니다.

〈그림 57〉 미국의 소리 중국어방송

〈그림 58〉 라디오 프리 아시아

쉬어가기

오늘날의 중국을 만들어 가는 곳입니다. 한번 알아 볼까요.

【人民大会堂】

　중국의 중요한 정치활동 장소로 천안문 광장 서쪽에 있고, 1958년에 건립되었다. 남북의 길이는 336m, 동서의 길이 206m, 중앙의 가장 높은 곳이 46.5m로 15헥타아르를 차지하고 있고, 건축면적은 17만평방미터이다. 134개의 기둥이 있고, 동문과 북문 기둥은 천연 대리석을 끼워 넣기 식으로 쌓았다. 정문의 높이는 25m, 기둥의 직경이 2m이다. 건축 평면은 "山"자 모양이고, 민족적 풍격이 풍부하다.

　대회당은 3개의 주요 부분으로 구성되어 있는데, 북쪽은 5,000명을 수용하는 연회장, 중앙은 만인대회당, 남쪽은 인민대표회의상임위원회 사무실로 쓴다. 사무실·휴게실·회의실이 31개가 있는데, 각 지방의 특징과 각 민족 성격에 따라 장식을 했다. 60년대부터 역대 당의 대표회의·전국인민대표대회·전국정치협상회의가 이곳에서 개최되었다. 당과 국가 지도자들이 항상 이곳에서 세계 각국의 당·정치 지도자를 영접한다.

　1979년 7월 15일부터 인민대회당은 국민과 외국 관광객들에게 개방되었습니다. 인민대회당은 中共中央办公厅　人民大会堂　管理局에서 관리합니다. 사진을 보면 여러분도 알 수 있을 겁니다. 중국돈 100원짜리 뒷면의 건물이기도 합니다.

제11강

시간과 계절

강의목표 :

시간과 계절에 관한 표현을 익힌다.

숫자를 읽는 방법을 확실하게 알아둡시다.

举 jǔ								擧 들 거
阵 chén								陣 줄 진
节 jié								節 마디 절
画 huà								画 그림 화
号 hào								號 부르짖을호
参 cān								參 cān
达 dá								達 간여할참
伟 wěi								偉 훌륭할 위
约 yuē								約 묶을 약
灯 dēng								燈 등잔 등
层 céng								層 층 층
钢 gāng								鋼 강철 강
愿 yuàn								願 원할 원
图 tú								圖 그림 도
势 shì								勢 기세 세
证 zhèng								證 증거 증

1. 시간 묻고 답하기(11주 듣기)

请问，现在几点?
Qǐngwèn, xiànzài jǐdiǎn?

지금 몇 시에요?

现在两点半。
Xiànzài liǎngdiǎn bàn.

지금 2시 반입니다.

对不起，我没有带表。
Duìbuqǐ, wǒ méiyǒu dàibiǎo.

미안합니다. 시계가 없어요

现在几点钟?
Xiànzài jǐdiǎnzhōng?

지금 몇 시인가요?

七点三刻，不过我的表快五分钟。
Qīdiǎn sānkè, búguò wǒdebiǎo kuài wǔfēnzhōng.

7시 45분입니다. 하지만 제 시계는 5분 빠릅니다.

你几点上班?
Nǐ jǐdiǎn shàngbān?

너는 몇 시에 출근하니?

早上九点上班。
Zǎoshang jiǔdiǎn shàngbān.

아침 9시에 출근합니다.

你什么时候睡觉?
Nǐ shénme shíhou shuìjiào?

당신은 언제 잠을 자나요?

那个，不一定。
Nàgè bùyídìng.

그건 일정하지 않습니다..

■ 단어(mp3듣기)

几点 jǐdiǎn 몇시?   两点半 liǎngdiǎn bàn 2시반

对不起 duìbuqǐ 미안합니다   没有 méiyǒu 없다

带表 dàibiǎo 시계를 차다   三刻 sānkè 45분

快 kuài 빠르다   五分钟 wǔfēnzhōng 5분

上班 shàngbān 출근하다   早上 zǎoshang 아침

睡觉 shuìjiào 잠을 자다   不过 búguò 하지만, 그러나

不一定 bùyídìng 결정되지 않았다

■ 설명

1. 간단한 수사의 단위를 배워보자.

一	yī	하나(1)	二	èr	둘(2)
三	sān	셋(3)	四	sì	넷(4)
五	wǔ	다섯(5)	六	liù	여섯(6)
七	qī	일곱(7)	八	bā	여덟(8)
九	jiǔ	구(9)	十	shí	십(10)
百	bǎi	백(100)	千	qiān	천(1,000)
万	wàn	만(10,000)	亿	yì	억(100,000,000)

※ 주의 : "100"을 우리는 "백"이라고 하지만 중국어로는 "一百 yībǎi"라고 한다. 마찬가지
로 "10,000"을 우리는 "만"이라고 하고 중국어로는 "一万 yīwàn"이라고 한다.

2. 不过 : 접속사와 부사 두 가지 용법이 있다.

접속사로 사용하면 "그러나"의 의미로, 후반 절의 첫머리에서 사용하며 전후 의미상의
변화를 표시한다. 어감은 "但是"에 비하여 다소 가볍다.

이 작문은 내용은 좋지만 오자가 몇 글자 있다.

这篇作文内容好, 不过还有几个错字。

Zhèpiānzuòwén nèiróng hǎo, búguò háiyǒu jǐgè cuòzì.

이 작문은 내용은 좋지만 오자가 몇 글자 있다.

부사로 사용하면 "단지"의 의미로, 일정한 범위를 한정함을 표시한다.

我不过做了自己的事罢了。

Wǒ búguò zuòle zìjǐde shì bàle.

나는 단지 자신의 일을 한 것 뿐이에요.

3. 没有 : 부사로 "아직 …않다(不曾)"의 의미이다. 동사 혹은 형용사 앞에 사용하여, 동작이나 상태가 아직 발생하지 않았음을 표시한다.

星期天我一直在家里, 没有出过门。

Xīngqītiān wǒ yìzhí zàijiāli, méiyǒu chūguòmén.

일요일에 나는 계속 집에 있었고 나가지 않았다.

天还没有亮, 等天亮了再动身吧。

Tiān háiméiyǒu liàng, děng tiānliàngle zàidòngshēnba.

날이 아직 밝지 않았다. 날이 밝기를 기다려 다시 출발하자.

♣ 보충 설명 : "没有"는 정반의 의문문에서 부정적인 면에서 문제를 제시함을 표시한다. 이러한 종류의 구문에서는 "没有"로 간단하게 대답할 수 있다.

你到过长城没有? 没有。(你没有到过长城吗? 没有。)

Nǐdàoguo Chángchéng méiyǒu? Méiyǒu.

당신은 만리장성에 가본 적이 없습니까? 없습니다.

♣ 주의 : 위와 같은 종류의 문장은 어떤 형식을 사용하던지 모두 가능하지만 "你有没有到过长城"? "饭有没有熟?"라고는 말할 수 없다. 왜냐하면 상대가 대답할 때 단지 "没有到过长城", "没有熟"로 대답할 수 있고, "有到过长城", "有熟"라고 대답할 수 없기 때문이다.

♣ 동의어 : "没"는 "没有"의 의미로, 일반적으로 교환하여 사용할 수 있다. 하지만 "没"는 주로 구어체에서 사용하지만, 의문문의 문장 끝에 놓을 수는 없고 또 단독으로 대답할 수도 없다.

♣ "没有"가 실사로 사용되었다.

你家白天有没有人?

Nǐjiā báitiān yǒuméiyǒu rén?

당신 집은 낮에 사람이 있습니까?

图书室里没有那本杂志.

Túshūshìli méiyǒu nàběnzázhì.

도서실에는 그 잡지가 없다.

위의 두 문장에서 "没有"는 부사가 아니라 동사이다.

4. 那个 : 那个의 那는 그것을 가리키는 지시대명사이다.

지시대명사 "这"와 "那"는 사람이나 사물을 대신 가리킨다. "这"는 "이"의 의미로 말하는 사람에게서 가까이 있는 것을 가리키고 "那"는 "저"의 의미로 멀리 있는 것을 가리킨다.

우리나라의 지시대명사는 "이 · 그 · 저"로 3분화 되어 있으나 중국어는 "이"와 "저"뿐이다.

这个教室大, 那个教室小。

Zhègè jiàoshì dà, nàgè jiàoshì xiǎo.

이 교실은 크고 저 교실은 작다.

我要这一本, 不要那一本。

Wǒ yào zhèyìběn, búyào nàyìběn.

나는 단지 이 책만 필요하고 그 책은 필요 없다.

2. 날씨와 계절

今天天气怎么样?　　　오늘 날씨는 어떻습니까?
Jīntiān tiānqì zěnmeyàng?

天气不太好，是阴天。　날씨가 별로 좋지 않습니다. 날이 흐려요
Tiānqì bútàihǎo, shì yīntiān.

今天比昨天冷。　　　　오늘은 어제 보다 춥다.
Jīntiān bǐ zuótiān lěng.

外面下雨吗?　　　　　밖에 비가 옵니까?
Wàimian xiàyǔ ma?

对，还在下。　　　　　네 아직 오고 있습니다.
Duì, háizàixià.

大田的秋天不热也不冷。대전의 가을은 덥지도 않고 춥지도 않습니다.
Dàtián de qiūtiān búrè yě bùlěng.

你最喜欢哪个季节?　　당신은 어느 계절을 가장 좋아하십니까?
Nǐ zuì xǐhuan nǎge jìjié?

我最喜欢春天。　　　　나는 봄을 제일 좋아합니다.
Wǒ zuì xǐhuan chūntiān.

首尔的冬天经常下雪吗?　서울의 겨울은 항상 눈이 옵니까?
Shǒuěr de dōngtiān jīngcháng xiàxuěma?

不是，下雪下得不多。　아니오, 눈이 많이 오지는 않습니다.
Búshì, xiàxuě xiàdé bùduō.

■■ 단어(mp3듣기)

天气 tiānqì 날씨　　　　　怎么样 zěnmeyàng 어떻게

不太 bútài 별로　　　　　阴天 yīntiān 흐린 날

冷 lěng 차가운　　　　　比 bǐ ~보다

昨天 zuótiān 어제　　　　外面 wàimian 외부, 밖

下雨 xiàyǔ 비가 오다　　　对 duì 맞다, 네

还 hái/huán 아직/반환하다　季节 jìjié 계절

最好 zuìhǎo 가장 좋다　　　首尔 Shǒuěr 서울

秋天 qiūtiān 가을　　　　热 rè 덥다

喜欢 xǐhuan 좋아하다　　　春天 chūntiān 봄

冬天 dōngtiān 겨울　　　　经常 jīngcháng 항상

下雪 xiàxuě 눈이 내리다

■■ 설명

1. 太 : 자주 사용하는 부사이므로 철저하게 용법을 익혀두자. 특히 부정형에 주의하라.

⑴ "극히"의 의미로, 정도가 높음을 표시한다. 주로 칭찬, 과장 등에 많이 사용한다.

你这话太有意思了。

Nǐ zhèhuà tài yǒuyìsīlè.

당신의 이 말은 너무 재미있다.

⑵ "과분한", "지나친"의 의미로, 일반적인 상황을 지나쳤거나 혹은 정상적인 요구를 표시한다. 대체로 이상적이지 못하거나 여의치 않은 경우에 많이 사용한다.

这孩子太娇气, 功课也太差劲。

Zhèháizi tàijiāoqì, gōngkè yě tàichājìng.

이 아이는 지나치게 까다롭고 공부도 너무 형편없다.

⑶ "太" 앞에 "不"를 사용하여, "不太"의 형식으로 긍정의 정도가 감소함을 표시한다. 부드러운 어감을 갖는다.

你这样宠孩子, 不太好吧。

Nǐ zhèyàng chǒng háizi, bútàihǎobà.

당신이 이렇게 아이를 총애하는 것은 별로 좋지 않다.

⑷ "太" 뒤에 "不" 혹은 "没有"를 사용하여, 부정의 정도를 강조한다. 문장 끝에 일반적으로 어감을 표시하는 조사 "了"를 사용한다.

　　迟起晚睡, 这习惯太不好了。

　　Chíqǐ wǎnshuì, zhèxíguàn tàibùhǎole.

　　늦게 자고 늦게 일어나는 이 습관은 대단히 좋지 않다.

2. 比 : "…보다, …에 비하여"의 의미로, 정도상의 차이를 비교할 때 사용한다.

　　你们队比我们队产量更高。

　　Nǐmenduì bǐ wǒmenduì chǎnliàng gènggāo.

　　너희 팀이 우리 팀 보다 생산량이 더 많다.

3. 经常 : "항상"의 의미로, 동작이 항상 출현하고 여러 차례 발생하여 일관성이 있음을 표시한다. 문어체에서 많이 사용한다.

　　我们经常举行朗读比赛。

　　Wǒmen jīngcháng jǔxíng lǎngdú bǐsài.

　　우리는 항상 낭독 시합을 한다.

　주의 : "时常"과 "经常"은 의미가 유사하지만 "时常"은 주로 구어체에서 사용하고, 동작에 일관성이 없다.

　　这几天时常下雨, 真讨厌。

　　Zhèjǐtiān shícháng xiàyǔ, zhēntǎoyàn.

　　요사이 며칠은 항상 비가 내려 정말 싫다.

4. 在下 : "在 +동사"의 형식으로 동작의 진행을 표현한다. 이 때 "在"는 부사이다. "…하는 중(正在)"이란 의미를 표시한다. "正"자를 생략할 수도 있다.

　　河水在满起来。

　　Héshuǐ zàimǎnqǐlai.

　　강물이 차 오르고 있다.

5. 不热也不冷 : "不bù"의 용법을 한번 정리해 보자.

　(1) 부정을 표시한다. 예를 들어 "不去"(안 간다), "不知道(알지 못한다)",

　　"不好(좋지 않다)", "不准确(정확하지 않다)" 등등이 있다.

　또 "不"의 전후에 있는 단어를 반복 사용하여 의문문을 만든다.

　"去不去"(갈 것인가?), "知道不知道"(아는가?), "好不好"(좋은가?)

　(2) "不…不…"를 연속하여 사용하여 나열된 두 가지 상황을 표시한다.

　　"…도 …도 아니다"의 뜻이다.

　　　他不抽烟不喝酒。

　　　Tā bùchōuyān bùhējiǔ.

　　　그는 담배를 피지도 술을 마시지도 않는다.

　(3) "不…不"를 연속하여 사용하면 앞의 "不…"는 가정을 표시하고, 뒤의 "不…"는 결과
를 표시한다.

　　　六月不热, 五谷不结。

　　　Liùyuè búrè, wǔgǔ bùjié.

　　　유월이 덥지 않으면 오곡이 맺지 않는다.

연/습/문/제

다음 문장을 해석하여 이메일로 제출하세요
파일명은 학번과 이름을 사용하세요

小李 : 今天一直阴天, 看来要下雪。

阿珍 : 我的故乡冬天常下雪, 所以我一看到雪景,
　　　就觉得好像回到家乡了。

小李 : 你想家吗? 遗憾的是这儿很少下雪。
　　　就是下, 也不怎么大。

阿珍 : 寒假我打算去东北旅行。

小李 : 可是那儿冷得要命。

阿珍 : 听说最低气温有时要到零下二三十度, 是吗?

小李 : 是的, 去那儿玩儿的女孩子有的都冻哭了!

阿珍 : 不管多冷, 我也不会哭。

중국어와 컴퓨터

중국영화를 보면 자막이 거의 다 있음을 알 수 있는데 일설에는 중국에 사투리가 많아서 모든 영화에 자막이 있다고 했습니다. 그래서 그런지는 모르지만 대만이나 홍콩 중국을 가서 텔레비전을 보아도 모든 영화나 뉴스에 자막이 있음을 알 수 있습니다. 우리는 이를 캡션기능이라고 하지만… 하여간 이 자막이 중국어를 공부하는 데 많은 도움을 줍니다. 일단 귀로 듣고 눈으로 따라서 읽으면 머리에 저절로 해석이 되지요. 물론 어느 정도 정확하게 내용을 이해하는 지는 사람마다 다르겠지만. 해서 여기에 중국어 텔레비전 프로그램을 소개합니다. 잘만 이용하면 유학을 가지 않고도 살아있는 중국어, 현지 중국어를 공부할 수 있는 아주 좋은 방법이라고 생각합니다.

중국 관영방송 CCTV http://zhibo.cctv.com/
중국전문 케이블 방송 http://www.haotv.com/
KBS 중국어방송 http://world.kbs.co.kr/chinese/
인터넷 방송국 니하오JRC
　　　　　　http://web2.gwangju.ac.kr/~xiang/info/guangbolist.htm

〈그림 59〉 KBS 중국어 방송

   KBS 중국어 방송은 중국어뿐만 아니라 세계 여러 나라의 말로 뉴스와 음악 사건사고등을 보고한다. 매우 시사성이 있으므로 시사중국어에 관심이 있는 사람들은 빼놓을 수 없는 곳이다. <그림 59>의 오른쪽 부분에 있는 "节目jiému(프로그램)"을 클릭하면 언제든지 중국어 뉴스를 들을 수 있다. 또 "24小时在线"을 클릭하면 방송 시간표가 쭉 뜬다. 여기서 중국어 시간을 파악하여 시청하면 된다. 지금은 체널 1에서는 오전 10시에서 11시, 오후 2시에서 3시까지 두 번 방송을 하고, 체널 2에서는 오전 9시에서 10시, 오후1시에서 2시, 5시30분에서 6시30분까지 방송을 세 번한다.

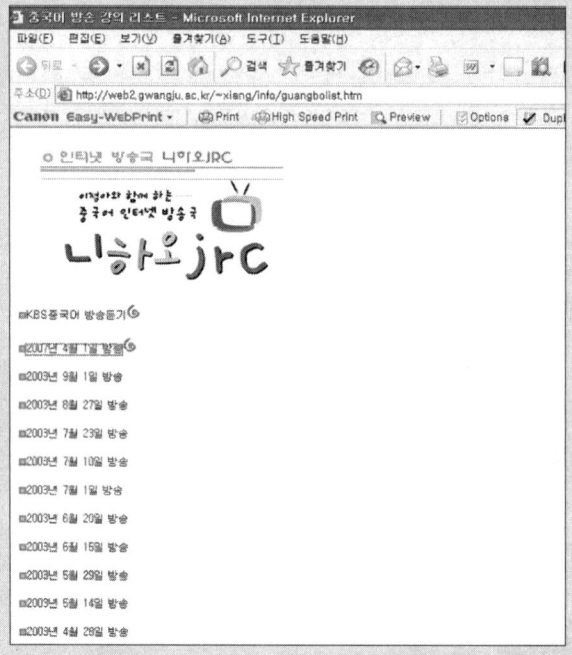

〈그림 60〉 니하오JRC

   니하오 JRC는 중국어 인터넷방송이다. 한마디로 인터넷으로 방송되는 모든 내용들을 이곳 http://web2.gwangju.ac.kr/~xiang/info/guangbolist.htm에 모아 놓은 곳이다. 여기서는 중국어 성조와 발음에서 시작하여 중국관련 뉴스, 고사성어, 중국문화상식, HSK 샘플강의 등 거의 모든 것이 다 있다고 할 수 있다. 이런 자료들은 중국어 학원이나 출판사 등에서 제공하는 것으로 중국어를 공부하는 사람들이 잘만 이용하면 매우 유용하다고 생각한다.

제12강

중국돈 셈하기

강의 목표 :

중국돈 셈하기, 중국노래 배우기

중국돈을 人民币(rénmínbì)라고 하고 대만돈을 新台币(xīntáibì)라고 하고 홍콩돈을 港币(gǎngbì)라고 한다.

본과에서는 중국의 등소평이 좋아했다는 邓丽君의 노래를 배워보자.

则 zé							則 법칙 칙
阳 yáng							陽 볕 양
卖 mài							賣 팔 매
欢 huān							歡 기뻐할 환
划 huá							劃 그을 획
脑 nǎo							腦 뇌 뇌
权 quán							權 저울추 권
虽 suī							雖 비록 수
误 wù							誤 그릇할 오
显 xiǎn							顯 나타날 현
岁 suì							歲 해 세
惊 jīng							驚 놀랄 경
旧 jiù							舊 옛 구
纸 zhǐ							紙 종이 지
养 yǎng							養 기를 양
护 hù							護 보호할 호

1. 水果店 과일가게 – 과일 사기(12주 본문듣기)

본문 전체의 발음부호를 합쳐서 본문 아래에 붙였습니다.

아래의 대화를 단어의 뜻과 발음부호를 모두 외운 후 읽어보시기 바랍니다. 모든 중국어 교재에 다 발음부호가 있는 것이 아닙니다. 발음이 없어도 읽는 습관을 기르세요.

老板：您要什么?

美燕：我想买点西瓜。西瓜多少钱一斤?

老板：五块一斤。

美燕：我要买苹果。一个多少钱?

老板：一个，三块六。

美燕：太贵了。有便宜的吗?

老板：那种好不好? 一个三块。

美燕：好，我要买五个。

老板：您还要别的吗?

美燕：不用了。

lǎobǎn　　：Nín yào shénmè?

Měiyàn：Wǒ xiǎng mǎidiǎn xīguā. Xīguā duōshǎoqián yìjīn?

lǎobǎn　　：Wǔkuài yìjīn.

Měiyàn：Wǒ yàomǎi píngguǒ. Yígè duōshaoqián ?

lǎobǎn　　：Yígè, sānkuài liù.

Měiyàn：Tàiguìle. Yǒu piányide mà?

lǎobǎn　　：Nàzhǒng hǎobuhǎo? Yígè sānkuài.

Měiyàn：Hǎo, wǒ yàomǎi wǔgè.

lǎobǎn　　：Nín háiyào biéde mà?

Měiyàn：búyòngle.

주인 : 뭐가 필요하세요?

미연 : 수박을 좀 사려고요. 수박은 한 근에 얼마예요.

주인 : 한 근에 오원입니다.

미연 : 사과를 사려고요. 하나에 얼마예요?

주인 : 한 개에 삼원 육십전입니다.

미연 : 너무 비싸요 싼 것이 있나요?

주인 : 저런 종류는 어때요? 한 개 삼원입니다.

미연 : 좋아요 5개 주세요.

주인 : 다른 것도 필요하세요?

미연 : 필요 없어요.

■ 단어

要 yào 원하다, 필요하다　　　　水果店 shuǐguǒdiàn 과일가게

西瓜 xīguā 수박　　　　　　　需要 xūyào 필요하다

贵 guì 비싸다　　　　　　　　便宜 piányi 싸다

苹果 píngguǒ 사과

■ 설명

1. 想买~

　"~을 구입하려하다"라는 의미이다. "想+동사"의 구문은 동사의 의지를 표현한다. 이와 유사한 문장으로 想보다 조금 더 강한 의지를 표현하는 要가 있다.

　이러한 방법으로 무언가 구입하다는 표현을 나열하면 다음과 같다.

⑴ 我想买 ~. 나는 ~를 사려한다.

⑵ 我要买 ~. 나는 ~을 사고싶다. 打算(dǎsuàn)의 어감이 있다.

⑶ 我需要买 ~. 필요하다는 느낌이 강하다.

⑷ 我还要别的. 又买(또 사다)의 의미가 있다.

⑸ 非买不可. 得买(děimǎi : 꼭 사야만 한다)의 의미가 있다.

2. 多少钱一斤?

"한 근에 얼마예요?"라는 말에서 보듯이 중국어는 수량사가 우리말과는 달리 명사 앞에 온다. 일반적으로 중국어의 어순을 이야기 할 때 "주어+동사+목적어"를 말하지만 수량사의 어순도 주의해야한다.

⑴ 一颗梨子　배 한 개
　　yìkē lízi
⑵ 一支铅笔　연필 한 자루
　　yìzhī qiānbǐ

3. 有 ~ 的吗?
대화하는 상대가 서로 알고 묻는 말에 자주 등장한다.

有好看的吗?　　　　　　　재미있는 것이 있나요?
Yǒu hǎokànde mà?

♣ 중국인들은 보편적으로 모든 것을 저울에 달아서 사고판다. 계란, 시금치 같이 단으로 파는 것이나 수박을 살 때 우리는 크고 무거운 것을 골라서 사려는 경향이 있지만 중국인은 달아서 거래를 하므로 큰 것을 고르던 작은 것을 고르던 사는 사람 마음이다. 특히 수박은 우리는 통째로 한 개씩 거래하지만 중국 수박은 너무 커서 하나를 전부 사는 사람이 별로 없어 잘라서 근으로 달아 판다. 이런 것은 환경에 따라서 거래하는 방법이 달라진 것이라고 할 수 있으나 계란이나 시금치의 판매방식은 중국이 우리보다 더 합리적인 것 같다.

4. 不用
"別", "不要"의 의미로, 하지 말도록 권유하거나 제지함을 표시한다.

这事你不用管, 快走开。
Zhèshì nǐ búyòngguǎn, kuàizǒukāi.
이일은 당신이 관여하지 말고 빨리 비키시오.

5. 중국의 화폐 계산
중국돈을 人民币(rénmínbì RMB)라고 한다. 정식 단위로는 "元yuán", "角jiǎo", "分fē

n"이 있다. 그러나 일상생활에서는 "块kuài", "毛máo", "分fēn"이라고 부른다. 또 금액을 말할 때는 마지막 단위를 습관적으로 생략한다.

| 1.45元 | 一元四角五分 | 一块四毛五 (yíkuàisìmáowǔ) |
| 35.60元 | 三十五元六角 | 三十五块六 (sānshíwǔkuàiliù) |

그러나 한 단위만 있을 경우는 일상용어로 끝에 "钱qián"을 붙인다.

| 20元 | 二十元 | 二十块钱 (èrshíkuàiqián) |

"2毛"를 말할 때는 "2毛"가 금액의 중간에 들어갈 때는 二毛èrmáo 로 읽지만 첫머리로 시작하면 两毛 liǎngmáo로 읽는다.

| 4.24元 | 四块二毛 (sìkuài èrmáo sì) |
| 0.25元 | 两毛五 (liǎngmáo wǔ) |

■■ 보충단어

颗 kē 양사   铅笔 qiānbǐ 연필   好看 hǎokàn 흥미진진하다, 아름답다.

■■ 교환연습

1. 您 还要　别的 吗?　　다른 게 더 필요한가요?
　　需要 什麽　　　무엇이 필요한가요?
　　要买 同样的　　같은 것을 사실건가요?

연/습/문/제

1. 주어진 단어를 사용하여 "5개 주세요"를 다양하게 작문해 보세요.
　　(1) 给　(2) 要　(3) 买　(4) 拿

2. 다음 단어 중에서 제1성인 것은?
　　(1) 需　(2) 贵　(3) 颗　(4) 笔　(5) 铅　(6) 苹

※연습문제 해답을 이메일로 제출하세요

보충 :

중국의 유명한 가수 등려군의 노래 "月亮代表我的心"을 배워봅시다. 중국의 유명한 연예인들은 모두 이 노래를 불렀지요. 이미 고인이 된 장국영도 예외는 아닙니다.

你问我爱你有多深, 我爱你有几分?
Nǐ wènwǒ àinǐ yǒuduōshēn, wǒ àinǐ yǒujǐfēn?

我的情也真, 我的爱也真, 月亮代表我的心。
Wǒdeqíng yězhēn, wǒdeài yězhēn, yuèliang dàibiǎo wǒdexīn.

你问我爱你有多深, 我爱你有几分?
Nǐ wènwǒ àinǐ yǒuduōshēn, wǒ àinǐ yǒujǐfēn?

我的情不移, 我的爱不变, 月亮代表我的心。
Wǒdeqíng búyí, wǒdeài bùbiàn, yuèliang dàibiǎo wǒdexīn.

轻轻的一个吻, 已经打动我的心。
Qīngqīngde yígèwěn, yǐjīng dǎdòng wǒdexīn.

深深的一段情, 教我思念到如今。
Shēnshēnde yíduànqíng, jiāowǒ sīniàn dào rújīn.

你问我爱你有多深, 我爱你有几分?
Nǐ wènwǒ àinǐ yǒuduōshēn, wǒ àinǐ yǒujǐfēn?

你去想一想, 你去看一看。 月亮代表我的心。
Nǐqùxiǎngyìxiǎng, nǐqùkànyíkàn. yuèliang dàibiǎo wǒdexīn.

당신은 내게 물었지 당신을 얼마나 사랑하는지?

내가 당신을 얼마나 많이 사랑하는지?

내 마음은 진심이예요 내 사랑도 진심이에요 저 달빛이 내 마음이에요

당신은 내게 물었지 당신을 얼마나 사랑하냐고?

내가 당신을 얼마나 많이 사랑하는지 내 마음은 떠나지 않고

내 사랑은 변하지 않아요. 저 달빛이 내 마음입니다.

부드러운 입맞춤 이미 내 마음을 움직였지

아득한 그리움 지금까지 당신을 떠올리게 만드네

당신은 내게 물었지 당신을 얼마나 사랑하냐고 내가 당신을 얼마나 많이 사랑하는지?

마음에 그리며 생각해 보세요 바라보세요 저 달빛이 내 마음이에요

등려군의 동영상을 볼 수 있는 You tube를 소개합니다.

www.youtube.com/watch?v=51×s4y×bryc

등려군 외에는 최근에 유행하는 홍콩·대만 가수들의 노래도 있습니다.

■ 단어

移 yí 이동하다　　　　　　　变 biàn 변하다

轻轻 qīngqīng 가볍다, 부드럽다　吻 wěn 키스하다

打动 dǎdòng 감동시키다　　　思念 sīniàn 추억하다

深深 shēnshēn 깊고 깊은

■ 보충설명

　"教我思念到如今"의 구절에서 "教"는 사역동사로 "A로 하여금 B하게 하다"라는 의미이다. 주의할 것은 이때 "教"를 제1성으로 읽어야 한다. "教"는 1성 "jiāo"의 경우 동사로 사용되고 4성 "jiào"의 경우 명사로 사용된다. 이렇게 한 글자가 발음이 2개 이상인 경우 이런 글자를 파음자(破音字)라고 한다. 다음과 같은 예를 꼭 기억하자.

　　教授 jiàoshòu　교수(명사)

　　教室 jiào shì　교실(명사)

　　教书 jiāo shū　책을 가르치다(동사) 즉 교사의 다른 표현

중국어와 컴퓨터

요즈음은 중국 가요를 통해서도 중국어를 많이 익히는 것 같습니다. 그래서 중국어 노래와 가사를 듣고 다운 받을 수 있는 사이트를 소개합니다. http://www.chinamp3.com/

〈그림 61〉 차이나 mp3.com

이곳은 사실 중국 음악 뿐만 아니라 서양음악과 일본 한국 음악도 들을 수 있습니다. 이전에는 다운이 자유로웠으나 점차 저작권문제 때문에 유료화로 가거나 듣기만 할 수 있게 만들고 있네요.

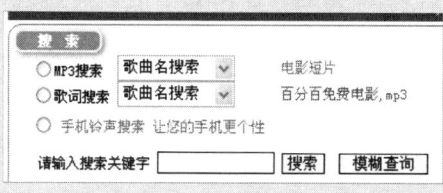

〈그림 62〉 검색창

위의 그림의 검색창을 통하여 알고 싶은 노래의 제목이나 가수명을 입력하면 곧 바로 찾아줍니다. 아직까지 노래가사는 대부분 다운 받을 수 있습니다.

입력은 글로벌 IME로 하면 됩니다.

직접 실습을 통해 여러분이 좋아하는 중국가수의 mp3를 다운 받아보면 어떨까요? 꼭 성공하기를 바랍니다.

물론 다른 사이트 예를 들어 http://mp3.sogou.com에서도 가능합니다.

이 사이트의 검색창에서 "我等你"라는 노래의 제목을 치면 다음과 같은 화면이 나오지요. 여기서 역시 노래와 가사를 다운 받을 수 있습니다.

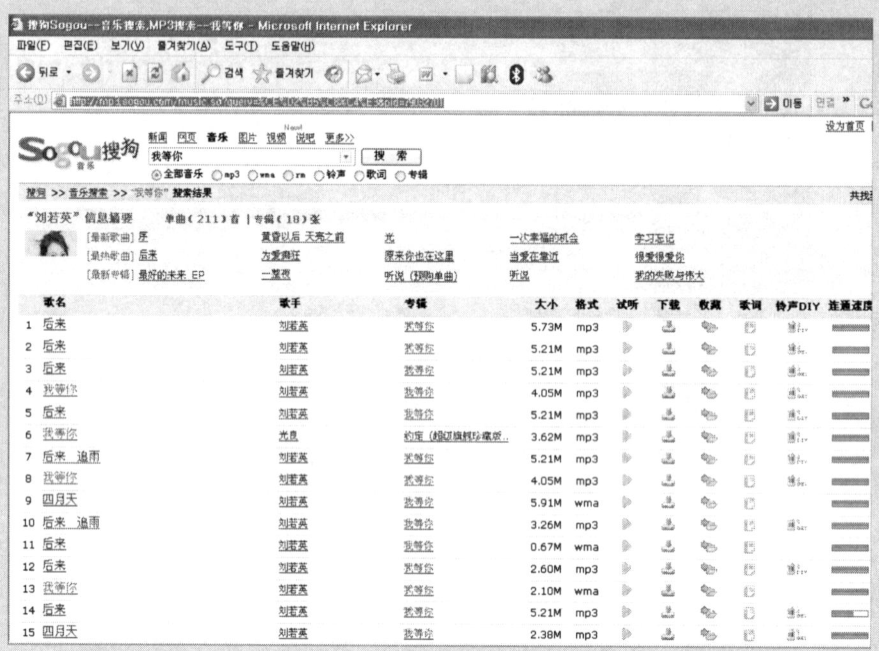

〈그림 63〉 Sogou의 MP3 사이트

만약 여러분들이 중어중문학과 학생이라면 중국어 공부를 위해 중국 고전시가, 소설 및 현대 소설 등의 자료가 필요하다면 "亦凡书库http://www.yifan.net/yihe/novels/cnovel.html"가 있습니다. 또한 "文学城(http://www.wenxuecity.com/"도 매우 유용한 사이트이지요, 특히 "文学城"의 "人在韩国"는 중국인들이 한국에 와서 생활하며 느낀 감정을 표현한 곳입니다. 중국인들의 한국에 관한 생각을 알 수 있어 좋지요. 그런데 이런 곳들은 모두 중국어로 되어 있어 초급자들에게는 다소 어려움이 있습니다.

제13강

중국어 미터법

강의목표 :

중국어 미터법 배우기

중국어로 미터법과 도량형 단위를 표현하는 방법을 공부해봅시다. 중국은 어떤 면으로는 참 합리적인 나라입니다. 시장에서 계란을 사는데 무게를 달아서 팝니다. 그러니 큰 것을 고를 필요가 없지요. 시금치나 나물도 물론 달아서 팝니다. 큰 단을 고를 이유가 없지요. 무거우면 돈이 더나오니까. 우리도 그렇게 장사하면 어떨까요?

药 yào							藥 약 약
乡 xiāng							鄉 고향 향
续 xù							續 이을 속
创 chuàng							創 비롯할 창
价 jià							價 값 가
评 píng							評 평할 평
枪 qiāng							槍 창 창
伤 shāng							傷 상처 상
渐 jiàn							漸 점점 점
烧 shāo							燒 사를 소
读 dú							讀 읽을 독
尽 jìn							盡 다할 진
县 xiàn							縣 고을 현
锺 zhōng							鍾 종 종
杂 zá							雜 섞일 잡
试 shì							試 시험할 시

1. 도량형에 대하여

본문 전체의 발음부호를 합쳐서 아래에 붙였습니다.

아래의 대화를 단어의 뜻과 발음부호를 모두 외운 후 읽어보시기 바랍니다. 모든 중국어 교재에 다 발음부호가 있는 것이 아닙니다. 발음이 없어도 읽는 습관을 기르세요.

> 甲 : 你们学校有多少学生?
>
> 乙 : 解放前这儿有上千个学生。
>
> 甲 : 现在的学生里, 有百分之多少是女生?
>
> 乙 : 百分之七十。女生的数目越来越多,
>
>   现在女生是男生的一倍。
>
> 甲 : 请问, 贵校的规模多大?
>
> 乙 : 差不多有一百万平方米。
>
> 甲 : 哎哟, 真的?
>
> 乙 : 别大惊小怪, 我们在大田还有分校。

> jiǎ : Nǐmèn xuéxiào yǒu duōshao xuésheng?
>
> yǐ : Jiěfàngqián zhèr yǒu shàngqiāngè xuésheng.
>
> jiǎ : Xiànzàide xuéshenglǐ, yǒubǎifēnzhī duōshaoshì nǚshēng?
>
> yǐ : Bǎifēnzhī qīshí. Nǚshēngde shùmù yuèláiyuèduō,
>
>   xiànzài nǚshēng shì nánshēngde yíbèi.
>
> jiǎ : Qǐngwèn, guìxiào dè guīmó duōdà?
>
> yǐ : Chàbuduō yǒu yìbǎiwàn píngfāngmǐ.
>
> jiǎ : Āiyō, zhēndè?
>
> yǐ : Bié dàjīngxiǎoguài, wǒmèn zài Dàtián háiyǒu fēnxiào.

갑 : 당신 학교는 학생이 얼마나 됩니까?

을 : 해방 전에 여기는 천명이상의 학생이 있었어요

갑 : 지금 학생들은 여학생이 몇 퍼센트인가요?

을 : 70퍼센트죠 여학생의 숫자가 갈수록 많아집니다.

　　지금 여학생은 남학생의 두배입니다.

갑 : 실례지만 귀교는 얼마나 큽니까?

을 : 거의 백만㎡정도 에요

갑 : 어휴 정말요?

을 : 놀라지 마세요, 우리는 대전에 분교도 있어요.

■ 단어

解放 jiěfàng 해방(하다)　　　　　上千 shàngqiān 일천 이상

数目 shùmù 숫자　　　　　　　越来越多 yuèláiyuèduō 갈수록 많다

一倍 yíbèi 한배　　　　　　　规模 guīmó 규모

平方米 píngfāngmǐ 제곱미터(㎡)　哎哟 āiyō 감탄 놀램을 표시하는 감탄사

大田 Dàtián 대전　　　　　　　分校 fēnxiào 분교

大惊小怪 dàjīngxiǎoguài 작은 것에 매우 놀라다　差不多 chàbuduō 비슷하다

■ 설명

1. 解放前

　공산주의(共产主义) 국가인 중국에서의 "해방(解放)"이라는 의미는 과거 통치제도로부터의 해방이라는 의미가 있는 것 같다. 그러므로 "해방전"이 의미하는 시기는 1949년 10월 1일 중화인민공화국 건립 이전을 말한다. 중국인들은 이때를 "신중국의 건립"이라고 생각하고 10월 1일을 국경일로 정하였다.

　참고로 자유중국은 1910년 10월 10일 건국하였고 소위 10월 10일 "쌍십절"을 국경일로 정하였다.

2. 上千

　천이 넘는 숫자를 표시하는 방법이다. 上shàng과 三sān의 발음이 유사하므로 매우

주의를 요한다.

　　在学校聚集了上千的人。

　　Zài xuéxiào jùjíle shàngqiānde rén.

　　학교에 천명이나 되는 사람이 모였다.

3. 越来越多 : 越~越~

　愈~愈~와 교환하여 사용할 수 있다. "~할수록 ~하다"의 의미로 변화의 조건과 변화의 결과 사이에 충분조건관계가 있다. 그중에 "越来越~"는 고정형식이 되어 시간의 추이에 따라 더욱 정도가 심해짐을 표시한다.

　　现代服装的潮流越来越新奇。

　　Xiàndài fúzhuāngde cháoliú yuèláiyuèxīnqí.

　　현대 복장의 유행은 갈수록 더욱 신기하다.

4. 미터법 도량형 단위 : 꼭 알아 둡시다.

　⑴ 길이 : 毫米(㎜)　　　厘米(㎝)　　　公里(㎞)
　　　　　　háomǐ　　　　lǐmǐ　　　　gōnglǐ
　⑵ 무게 : 克(g)　　　　千克, 公斤(㎏)　　吨(t)
　　　　　　kè　　　　　qiānkè, gōngjīn　dūn
　⑶ 면적 : 平方厘米(㎠)　平方米(㎡)　　平方公里(㎢)
　　　　　　píngfānglǐmǐ　píngfāngmǐ　　píngfānggōnglǐ
　⑷ 부피 : 立方厘米(㎤)　立方米(㎥)　　立方公里(㎦)
　　　　　　lìfānglǐmǐ　　lìfāngmǐ　　　lìfānggōnglǐ

♣ 주의 : 英里 yīnglǐ는 마일(mile)을 뜻한다.

5. 大惊小怪

　숙어로 "괴상한 것에 좀 놀라다" 혹은 "하찮은 일에 크게 놀라다"의 의미이다.

　　有什麼值得大惊小怪的。

　　Yǒu shénmė zhíde dàjīngxiǎoguàide.

　　뭐 크게 놀랄 만한 것이 있는가?

■ 교환연습

(1) 解放 前 这儿 有 上千 个学生.　해방전에 여기는 천명이 넘는 학생이 있었다.
　　开幕　　　　　 上万　观众　개막전에 여기는 만명이 넘는 관중이 있었다.
　　开学　　　　　 没有 一个人　개학전에 여기는 한 사람도 없었다.

(2) 现在　女生　是 男生的 一倍.　　지금 여학생이 남학생의 두배이다.
　　中国　　　韩国　四十倍　　중국은 한국의 40배이다.
　　韩国　　　台湾　四倍　　　한국은 대만의 4배이다.

♣ 주의 : 중국어 一倍는 우리말의 "두배"에 해당한다. 당연 중국어 二倍는 우리말의 "세배"라는 의미이다.

■ 보충단어

聚集 jùjí 모이다　　　　开幕 kāimù 개막
观众 guānzhòng 관중　　台湾 Táiwān 대만

연/습/문/제

(1) 다음 대화를 완성하세요
　　① 甲 : 3㎞用中文怎麼说? (3㎞는 중국어로 어떻게 말합니까?)
　　　 乙 :
　　② 甲 : 5㎏用中文怎麼说? (5㎏는 중국어로 어떻게 말합니까?)
　　　 乙 :
　　③ 甲 : 7㎥用中文怎麼说? (7㎥는 중국어로 어떻게 말합니까?)
　　　 乙 :

(2) 다음 한자의 발음 받침이 n과 ng로 되는 것을 구분하시오.
　　① 上　② 万　③ 方　④ 分　⑤ 千　⑥ 放

중국어와 컴퓨터

여기서는 TransCAT CK라는 소프트웨어를 소개한다. 이 소프트웨어는 우리나라에서 만들어진 외국어 번역 프로그램으로 중국어 번역, 중국어 간체 번체 변환, 한어병음자모 변환 등이 가능하다. 그런데 불행히도 이 프로그램은 공개되지 않은 프로그램으로 돈을 주고 구입해야 한다. 그러나 중국어 공부에 매우 유용한 프로그램이라고 생각하여 소개를 한다.

중한번역 : 번역을 원하는 중국어 문장을 복사하여 TransCAT 에 붙인 후 메뉴 바의 편집메뉴에서 전체를 선택한 다음 번역을 누르면 <그림 64>처럼 창이 변한다.

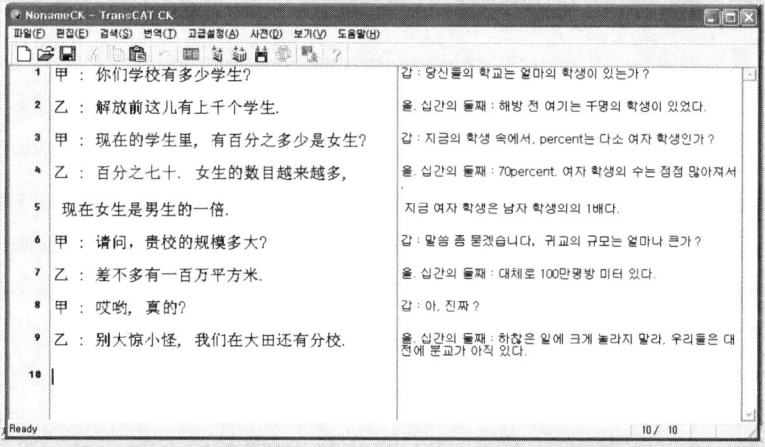

〈그림 64〉 본문을 번역한 모습

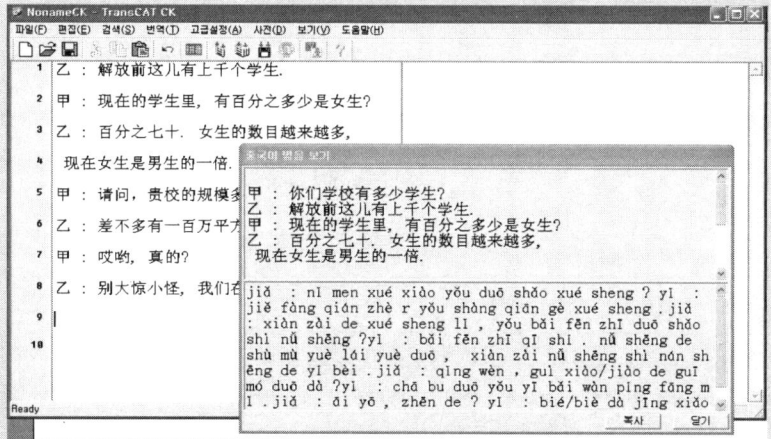

〈그림 65〉 한어병음을 누른 상태

한어병음달기 : 이제 다시 동일한 내용의 문장을 한어병음으로 바꾸어 보자. 앞에서 했던 것과 같은 방법으로 편집메뉴에서 전체를 선택하고 병음 단추를 누르면 <그림 65>처럼 바뀐다.

<그림 65>의 상태에서 한어병음으로 바뀐 부분의 오른쪽 아래에 있는 복사 단추를 클릭한 후 원하는 부분에 붙여넣기를 하면 한어병음이 왼쪽 본문에 삽입된다(<그림 66>). 이렇게 한 후 메뉴 파일의 "새이름으로 저장하기"를 클릭하여 txt파일을 선택한 후 저장하면 한글 2002에서 불러와 자유롭게 편집을 할 수 있다. "새이름으로 저장하기"를 하지 않고 한글에서 그냥 불러오거나 복사를 하면 복사한 내용을 읽을 수 없다.

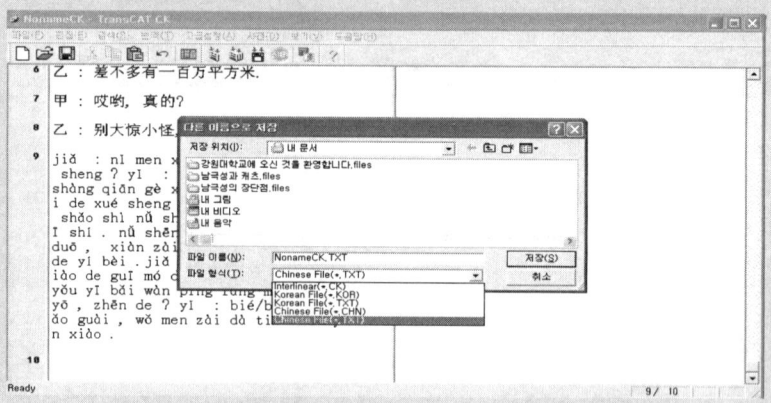

〈그림 66〉 한어병음 변환 후 본문에 삽입한 상황

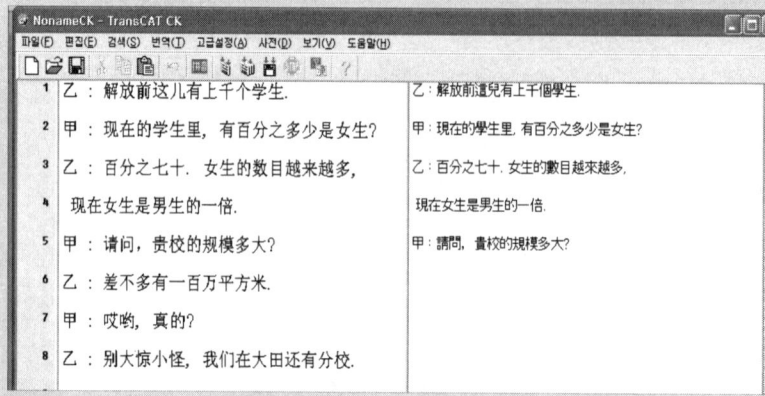

〈그림 67〉 간체자의 번체자 변환 결과

간체·번체변환 : 왼쪽 본문에 커서를 놓고 메뉴바에 있는 간체자 번체자 변환 단추를 누르면 간체자는 번체자로, 번체자는 간체자로 바꿀 수 있다. 다음 중국어사전의 "중국어변환기"에서도 병음을 달 수 있고 간체·번체를 바꿀 수 있다.

보충자료

중국에서는 화교에 대한 중국어 교육과 일반인들에게 중국어를 인터넷에서 무료로 공부하게 유도하고 있습니다. 이런 사이트를 한번 찾아서 중국어를 공부하는 것도 좋겠지요.

1. 글로벌 중국어 교육센터 http://edu.ocac.gov.tw 语文教育 〉 华语 〉 初级

2. 온라인 중국어 교실 http://chinese.csie.ncnu.edu.tw

3. 学汉语 http://www.blcu.edu.cn/hyxy/zazhi/default.asp

4. 中国网 http://www.china.org.cn/e-learning/1.htm

중국어 검색 포털 사이트

8848   http://www.8848.net

Dreamer   http://www.dreamer.com.tw

蕉点网   http://www.focus.com.cn

Open find   http://www.openfind.com.tw

PChome online   http://www.todo.com.tw

人人网   http://www.renren.com

♣ NCIKU를 소개합니다.

NCIKU를 중국어로 하면 N词酷(cíkù)라고 합니다. 중국어 사전을 의미합니다. http://www.nciku.com을 치면 오른쪽과 같은 초기 화면이 뜹니다. 여기서 중국어 어휘와 회화를 무료로 공부할 수 있으며 좋은 점은 단어를 찾기 위해서 IME를 사용하여 한자

NCIKU 초기화면

를 입력하지 않고 직접 손으로 한자를 쓰고
검색을 하면 된다는 점입니다.

　그럼 어떻게 이 사전을 사용하는지 알아
봅시다. 먼저 위의 그림에서 오른쪽 작은
창 같은 곳에 손으로 "李"자가 쓰여져 있지
요? 이것은 제가 마우스를 드래그해서 한
자를 써본 것입니다. 한자가 완성되면 손으
로 쓴 한자를 오른쪽에서 찾아서 클릭을 하
면　중앙의 검색창(Search)에 "李"자가 입
력됩니다. 이렇게 원하는 단어를 직접 손으
로 써서 검색창에 입력을 하면 그 단어의
의미를 찾을 수 있습니다.

　그러면 "花"자를 손으로 써서 검색한 결
과를 볼까요? "花"자를 입력하기 위하여

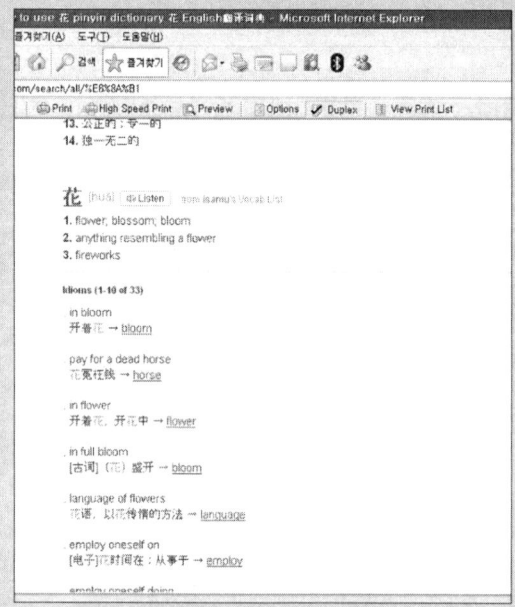

단어 찾기- 花자

먼저 썼던 "李"자를 지웁니다.(처음에 쓰면 지울 필요가 없음) 글자를 지우기 위하여
"Clear"를 클릭합니다.　그리고 마우스를 드래그해서 "花"자를 씁니다. 혹 획을 잘 못썼으
면 "Undo"를 클릭하면 잘못 쓴 획이 지워집니다. 이렇게 해서 "花"자를 쓴 후 검색을
누르면 위와 같은 화면이 나오고 화면의 스피커를 클릭하면 소리를 들을 수 있습니다.

　첫 화면의 왼쪽 부분은 대화를 통한 중국어 회화를 공부하는 곳입니다. 한번 찾아서
들어보세요. 재미있는 내용들이 상황별로 정리가 되어 있습니다.

연/습/문/제

"北京奧林匹克"에 관련된 최신 자료를 찾아보세요.
한글로 저장한 후 그 파일을 선생님에게 이메일로 보내세요.
파일의 이름은 학생의 학번과 이름으로 하세요.

제14강

비행기 기내에서

강의목표 :

비행기 기내 용어 이해하기와 중국어 자료 찾기

본문 전체의 발음부호를 합쳐서 아래에 붙였습니다.

본문의 대화를 단어의 뜻과 발음부호를 모두 외운 후 읽어보시기 바랍니다.

모든 중국어 교재에 다 발음부호가 있는 것이 아닙니다. 발음이 없어도 읽는

습관을 기르세요.

继 jì								繼 이을 계
语 yǔ								語 말씀 어
乐 lè								樂 즐길 락
态 tài								態 모양 태
责 zé								責 꾸짖을 책
选 xuǎn								選 가릴 선
负 fù								負 질 부
称 chēng								稱 일컬을 칭
双 shuāng								雙 쌍 쌍
仅 jǐn								僅 겨우 근
属 shǔ								屬 엮을 속
础 chǔ								礎 주춧돌 초
营 yíng								營 경영할 영
换 huàn								換 바꿀 환
标 biāo								標 나무끝 표
挥 huī								揮 휘두를 휘

1. 在机内 비행기에서

空中小姐：请给我看一下，你的登机证。

阿美：（给她看登机证）

空中小姐：请走这边吧。

阿美：谢谢。

空中小姐：各位旅客，我们马上要起飞，
　　　　　请大家系好安全带。

阿美：小姐，我的头有一点晕，想吃点药，
　　　请给我一点水。

空中小姐：有没有别的问题，还需要帮忙吗?

阿美：没有，已经好了。谢谢你!

空中小姐：不客气。

阿美：我们还要坐多久才到呢?

空中小姐：快要到了。

kōngzhōng xiǎojie：Qǐng gěiwǒ kànyíxià, nǐde dēngjīzhèng.

Āměi：(gěitākàn dēngjīzhèng)

kōngzhōng xiǎojie：Qǐngzǒu zhèbiānbà.

Āměi：Xièxie.

kōngzhōng xiǎojie：Gèwèi lǚkè, wǒmen mǎshàng yàoqǐfēi.
　　　　　Qǐngdàjiā jìhǎo ānquándài.

Āměi：Xiǎojie, wǒdetóu yǒuyìdiǎn yūn, xiǎngchīdiǎn yào,
　　　qǐnggěiwǒ yìdiǎnshuǐ.

kōngzhōng xiǎojie：Yǒuméiyou biéde wèntí,

hái xūyào bāngmáng mà?

Āměi : Méiyou, yǐjīng hǎole. Xièxie nǐ!

kōngzhōng xiǎojie : Búkèqi.

Āměi : Wǒmen háiyàozuò duōjiǔ cáidào ne?

kōngzhōng xiǎojie : Kuàiyàodàole.

■■ 해석

스튜디어스 : 제게 탑승권 좀 보여주세요.

아메이 : (스튜디어스에게 탑승권을 보여주다)

스튜디어스 : 이쪽으로 들어가세요.

아메이 : 감사합니다

스튜디어스 : 여행객 여러분 우리 비행기는 이제 곧 이륙하겠습니다.
　　　　　 모두 안전띠를 매주십시오.

아메이 : 아가씨 머리가 좀 어지러워 약을 먹으려는데 물 좀 주세요.

스튜디어스 : 아직 더 도와드릴 다른 문제가 있나요?

아메이 : 없습니다. 이미 좋아졌어요. 고마워요.

스튜디어스 : 천만에요.

아메이 : 우리는 아직 얼마를 더 가야 하나요?

스튜디어스 : 곧 도착합니다.

■■ 단어

登机证 dēngjīzhèng 탑승권　　　　　旅客 lǚkè 탑승객

系 jì 묶다　　　　　　　　　　　　安全带 ānquándài 안전띠

马上 mǎshàng 즉시, 곧　　　　　　晕 yūn 어지럽다

不客气 búkèqi 천만에요(겸양의 말)　吃药 chīyào 약을 먹다

帮忙 bāngmáng 도와주다　　　　　才 cái 비로소

快要~了 kuàiyào~ le 곧 ~되다

■ 어법 및 해석

1. "才"

"才"는 부사로 "비로소"의 의미, 어떤 사건이 예상보다 늦었음을 나타낸다.

他昨天才到日本。

Tā zuótiān cái dào Rìběn.

그는 어제 비로소 일본에 도착했다.

또 다른 의미로 어떤 동작이나 일이 방금 일어났음을 표시한다

他才去教堂。

Tā cáiqù jiàotáng.

그는 방금 교회에 갔다.

2. 동량사

동량사는 동사의 동작의 횟수를 표시하는 양사를 말한다. 주로 "次", "趟", "回" 등의 양사와 함께 사용한다. "一下"는 "한번"의 뜻도 있지만 "…해 보다"의 의미로도 사용한다.

他只去过一次景福宫。

Tā zhǐ qùguo yícì Jǐngfúgōng.

그는 경복궁만 한 번 가보았다.

3. "还"

"아직도"의 의미로 동작의 중복이나 지속적인 상황의 불변 또는 사건의 확대 등을 표시한다.

我还需要你的帮忙。

Wǒ háixūyào nǐde bāngmáng.

나는 아직도 당신의 도움이 필요합니다.

大卫还在教室里做作业。

Dàwèi háizài jiàoshìli zuò zuòyè.

다윗은 아직도 교실에서 숙제를 하고 있다.

주의 : "还"가 명사나 대명사 앞에 오면 동사가 되고 이때는 huán으로 읽는다.

       还书 huán shū 책을 반납하다

■ 변환연습

他以前是 学生, 现在是 老师。(그는 이전에 학생이었으나 지금은 선생이다.)

农民(농민)	工人(노동자)
职员(직원)	经理(사장)
警察(경찰)	侦探员(정보원)

※ 주의 : 한글에서 한어병음의 움라우트를 입력하려면 예를 들어 "绿 lǜ"처럼 하려면
글로벌 IME를 이용하여 "lv"를 치면 된다.

연/습/문/제

아래 대화를 해석하고 지금까지 배운 "한어병음입력법"을 이용하여 한자 위나 아래 혹은 옆에 한어병음이 보이도록 입력하여 이메일로 제출하세요

马丽 : 你去哪儿?

敬文 : 我去体育馆.

马丽 : 有什麽比赛吗?

敬文 : 有篮球比赛.

马丽 : 谁比谁比赛?

敬文 : 韩国队跟中国队比赛.

马丽 : 你喜欢什麽运动?

敬文 : 滑水, 游泳, 跆拳道, 我都喜欢.

马丽 : 你游泳游得好不好?

敬文 : 我游得不好, 没有大卫游得好.

중국어와 컴퓨터

♣ 중국어 자료 찾고 저장하기

우리가 지금까지 배운 중국어와 컴퓨터 실력으로 중국자료를 찾아서 저장해봅시다. 외국을 여행하다가 해당 국가의 현금을 많이 소유하게 되면 출입국할 때 신고를 해야만 합니다. 그렇다면 중국은 중국돈(RMB)을 최대한 얼마나 갖고 출국할 수 있을까요?

일단 중국 포털 사이트를 정한다. 여기서는 网易- http://www.163.com을 이용해 찾아봅시다. 먼저 <그림 68>과 같이 网易(wǎngyì)의 검색창에 글로벌 IME를 이용하여 우리의 세관에 해당하는 중국어 海关(hǎiguān)과 중국돈을 나타내는 人民币(rénmínbì)를 입력합니다.

〈그림 68〉 wangyi의 검색창입력

海关과 人民币를 입력한 후, 우리말 "검색"에 해당하는 "搜索(sōusǔo)"를 클릭합니다. 그러면 <그림 69>과 같은 정보들이 올라옵니다.

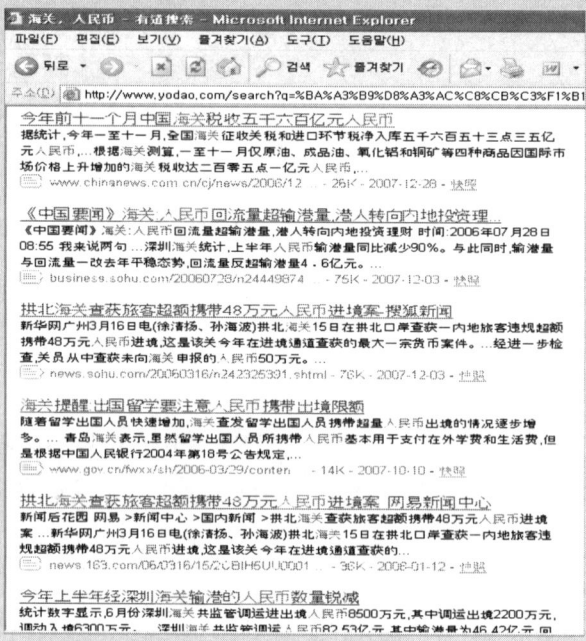

〈그림 69〉 wangyi의 검색 결과

<그림 69>에서 네 번째 항목이 "海关提醒 : 出国留学要注意人民币携带出境限额" 이네요. 즉 "세관이 경고함 : 출국 유학생들은 중국돈을 휴대하고 출국시 한도액에 주의할 것"이란 말입니다. 클릭하여 그 내용을 볼까요.

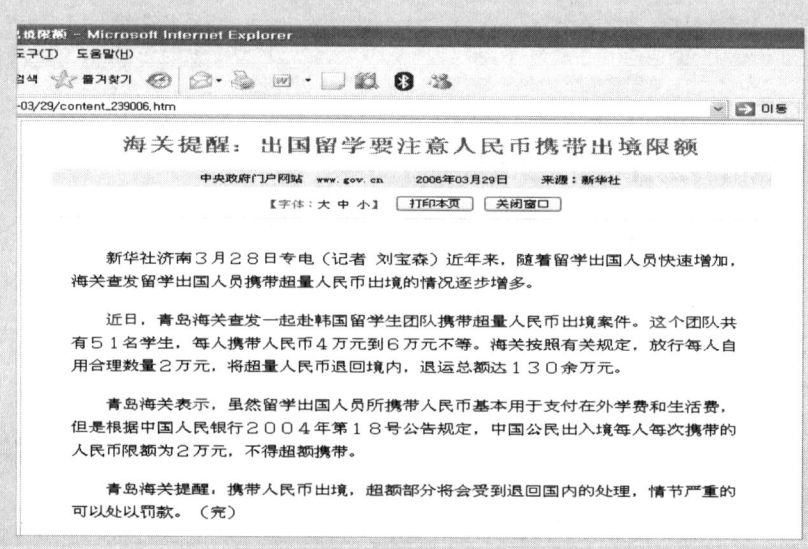

〈그림 70〉 중국 청도세관의 공고

위의 내용을 읽어보면 중국 유학생 51명이 한국으로 출국하려다가 과도한 현금을 휴대하여 청도 중국세관에 모두 130만원을 압류당했다는 말입니다. 그리고 "중국인은 출국할 때 정착금으로 중국돈 2만원만 가지고 출국할 수 있다"고 말하고 있습니다.

이제 내용을 다 이해했으면 중국어 원문을 자신의 컴퓨터에 저장해봅시다. 위의 <그림 68>에 해당하는 html 파일을 편집메뉴에서 모두 선택합니다. 마우스로 원하는 부분을 드래그해서 복사해도 됩니다.

다음 한글을 띄우고 한글창에 "붙이기"를 합니다. 한글 97에서는 "붙이기"를 한 후 "확인"을 하면 "그림"처럼 입력 저장이 됩니다. 그런데 한글 2007의 경우 "붙이기"를 하면 HTML 문서 붙이기 창에서 "텍스트 형식으로 붙이기"를 클릭하고 "확인"을 클릭합니다. 그러면 그림이 아닌 텍스트로 저장할 수 있습니다. 물론 텍스트 문서니까 편집이 가능하지요.

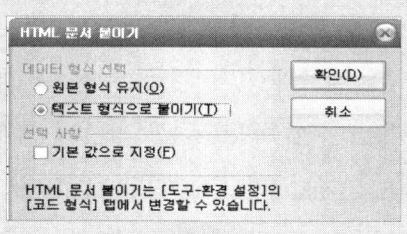

〈그림 71〉한글2007 모습

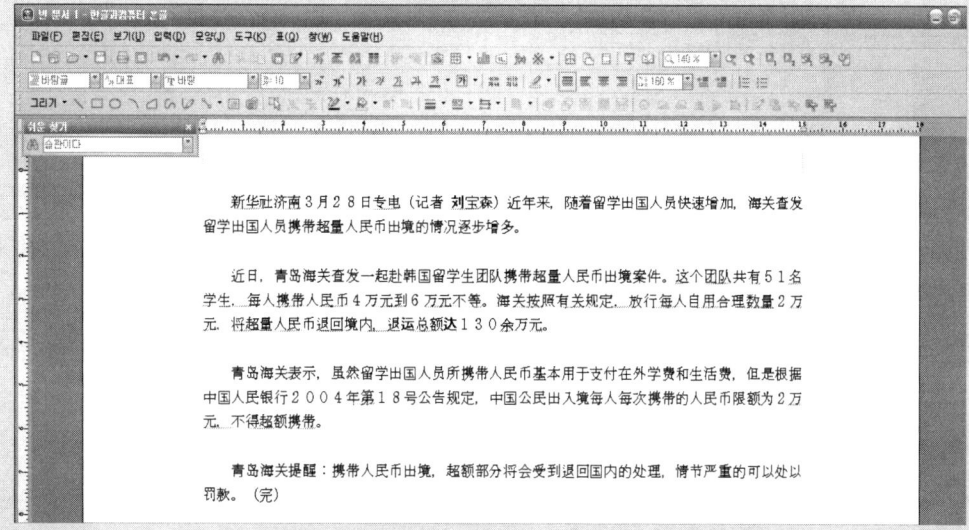

〈그림 72〉"그림68"의 내용을 한글로 저장

쉬어가기

　요즈음 중국을 이끌어갈 차세대 지도자들이 주로 공청단(共青团) 출신들이라는 뉴스를 자주 접합니다. 그렇다면 이것은 어떤 조직일까요?

　공청단(共青团)의 정식 명칭은 중국공산주의청년단(中国共产主义青年团)입니다. 그냥 간단히 '공청단'이라고 하며 1922년 5월 성립되었습니다. 그런데 원래 이름은 중국사회주의청년단이었습니다. 이것을 중국공산당이 1949년에 고쳐서 중국신민주주의청년단으로 만들었고 1957년 5월에 지금의 이름으로 다시 개칭하였습니다. 공청단은 중국공산당의 지도 아래 선진 청년의 대중조직입니다. 단원의 연령은 14세 이상 25세 이하입니다. 공청단은 작은 공산당으로 당을 이끄는 혁명청년들의 우수전통을 계승하고 높이데 목적이 있고 마르크스주의 레닌주의 모택동 사상과 현대과학문화 지식무장청년을 양성하고 훈련하여 사회주의에 입각한 교양이 있는 사람을 만들려고 합니다. 공청단의 전체적 지도 기관은 단의 전국대표대회와 그것을 탄생시킨 중앙위원회가 있습니다. 공청단 중앙의 기관은 「중국청년보」와 「중국청년」을 발간합니다. 공청단은 공산당의 위탁을 받아 중국소년선봉대를 지도하는 일을 맡습니다.

　중국공산당(中国共产党)에 대해 알아봅시다.

　중국무산계급의 정당으로 1921년 7월 상해에서 설립하였고 제국주의, 봉건주의, 관료자본주의에 반대하며, 북양 군벌 통치를 물리친 제 1차 국내혁명전쟁(1924-1927), 국민당을 반대하는 제 2차 국내혁명 전쟁(1927-1937), 항일전쟁(1937-1945)과 해방전쟁(1945-1949) 등의 단계를 거쳐 중국 공산당 군대를 건립하고 이끌어 중화인민공화국을 세웠다. 그리고 계속하여 중국인민, 사회주의건설을 이끌었다. 중국공산당은 마르크스주의와 레닌주의 모택동 사상을 이론 기초로 합니다. 11차 삼중전회 이래 당의 사업은 중국의 특색 있는 사회주의 건설에 중점을 두었고 중화인민공화국의 헌법은 당의 집정(执政)지위를 규정하고 있습니다. 당의 최고 영도기관은 공산당의 전국대표대회와 공산당이 탄생시킨 중앙위원회이다. 공산당의 최종 목표는 중국과 전세계의 공산주의 실현입니다.(「중국정보사전」에서)

제15강

문상(问丧)에 관하여

강의목표 :

문상(問喪)에 관하여

일반 회화 교재에서는 문상에 관하여 잘 다루지 않는다. 죽음에 관한 것은 일종의 금기이고 이것을 어떻게 표현해야 할지 어렵기 때문이다. 그러나 실제 우리가 살면서 꼭 알아 두어야할 필요가 있는 언어가 결혼과 문상에 관한 것들이다. 일반 중국어회화 교재에 결혼에 관한 것은 있지만 문상에 관한 것이 없어 여기서 특별히 소개한다.

维 wéi							維 바 유
妇 fù							婦 며느리 부
费 fèi							費 쓸 비
适 shì							適 갈 적
顾 gù							顧 돌아볼고
卫 wèi							衛 지킬 위
检 jiǎn							檢 봉할 검
针 zhēn							針 바늘 침
货 huò							貨 재화 화
笔 bǐ							筆 붓 필
叶 yè							葉 잎 엽
庄 zhuāng							莊 엄할 장
灭 miè							滅 멸망 멸
环 huán							環 고리 환
劲 jìn							勁 굳셀 경
宝 bǎo							寶 보배 보

1. 문상 问丧

阿新：听说金先生的父亲过世了。

小薇：我也听过。

阿新：我们去吊唁，致赠些奠仪吧。

小薇：唉，生死是天注定的。

阿新：金先生，您不要太难过了，请节哀吧。

小薇：金先生，这事是无法再挽回了，请您好好保重。

阿新：请问什么时候安葬?

小薇：金先生，如果您忙不过来，我们来帮您。

金先生：谢谢，万分感谢。

小薇：不要客气。

Ā xīn：Tīngshuō Jīnxiānshengde fùqīn guòshìle.

Xiǎowēi：Wǒyě tīngguo le.

Ā xīn：Wǒmen qù diàoyàn, zhìzèng xiē diànyíba.

Xiǎowēi：Āi, shēngsǐ shì tiān zhùdìngde.

Ā xīn：Jīnxiānsheng, nín búyào tài nánguòle, qǐngjié'āi ba.

Xiǎowēi：Jīnxiānsheng, zhèshì shì wúfǎ zàiwǎnhuíle,
　　　　　qǐngnín hǎohāo bǎozhòng.

Ā xīn：Qǐngwèn shénme shíhou ānzàng?

Xiǎowēi：Jīnxiānsheng, rúguǒ nín mángbuguòláî wǒmen lái bāngnín.

Jīnxiānsheng：Xièxie, wànfēn gǎnxiè.

Xiǎowēi：Búyàokègi.

아신 : 듣자니 김선생님의 아버지가 돌아가셨다죠.

소미 : 저도 들었습니다.

아신 : 우리 가서 문상하고 부조를 합시다.

소미 : 아! 생사는 하늘이 정하는 겁니다.

아신 : 김선생, 너무 괴로워하지 마시고 슬픔을 거두세요.

소미 : 김선생, 이 일은 다시 돌이킬 수 없는 일입니다. 몸을 돌보셔야죠.

아신 : 언제 안장하시나요?

소미 : 김선생, 당신이 너무 바쁘시면 저희가 도와 드리겠습니다.

김선생 : 감사합니다, 정말 감사합니다.

소미 : 사양하지 마세요.

■ 단어

过世 guòshì 사망하다　　　　注定 zhùdìng 결정하다

吊唁 diàoyàn 조문하다　　　　致赠 zhìzèng (감정, 예절)드리다

奠仪 diànyí 부의, 향전　　　　难过 nánguò 괴롭다

节哀 jié'āi 슬픔을 억제하다　　挽回 wǎnhuí 만회하다

保重 bǎozhòng 몸조심하다　　　安葬 ānzàng 안장하다

■ 어법 및 해설

1. 过世

　중국에서는 실용중국어라는 과목이 있어 冠婚丧祭에 상용하는 실용언어를 따로 공부한다. 여기서는 간단히 "사망"이라는 표현에 대해 살펴보고자 한다. 중국어에서는 대체로 사망이나 죽음을 금기시하여 직접적으로 표현하지 않으려는 경향이 있는 것 같다. "죽음"에 대한 유사한 표현들은 다음과 같다.

　　去世 qùshì　　弃世 qìshì　　倾世 qīngshì

　　逝世 shìshì　　永逝 yǒngshì　　永眠 yǒngmián

2. 吊唁

　吊는 원래 "매달다"라는 의미도 있으나 여기서는 "제사하다"의 의미로 사용하였고 唁은

"위로하다"라는 의미이다. 그러므로 이 두 단어가 합하여 "애도의 뜻을 표시하다"라는 의미로 쓰였다.

중국의 전통적 상례는 너무 미신적, 허위적, 야만적 풍속이 많았다. 그래서 집안에 상을 당하면 빗더미 위에 올라앉곤했다. 지금도 별로 대단하지 않은 집안도 出殡 chūbìn, (발인) 哭声 kūshēng, 读祭文 dújìwén(제문을 읽다), 辞灵 cílíng(영결하다) 등의 과정이 있다.

기타 开吊 kāidiào 조문을 받기 시작하다, 吊客 diàokè 조문객 등도 알아 두자.

3. 致赠些奠仪.

致는 동사로 "주다, 보내다"의 뜻이다. 이 문장을 의미만을 생각하여 간략히 하면 致奠으로 줄일 수 있고 "제물을 바치다"라는 의미이다.

⑴ 致富 zhìfù 치부하다
⑵ 致敬 zhìjìng 경의를 표하다
⑶ 致贺 zhìhè 치하하다

4. 忙不过来

不过来는 동사나 형용사 뒤에 사용하여 보어가 되며 정상적인 상태로 돌이킬 수 없거나 두루 할 수 없다는 뜻을 나타낸다.

⑴ 他的毛病怎么说也改不过来。

Tāde máobìng zěnmeshūo yě gǎibuguòlái.

그의 결점은 아무리 말해도 고칠 수 없다.

⑵ 那么多人，一时招待不过来。

Nàme dūorén, yìshí zhāodàibuguòlái

그렇게 많은 사람을 한꺼번에 다 접대할 수가 없다.

■ 간체자
奠仪(奠儀) 节哀(節哀) 万(萬)

■ 교환연습

(1) 문장을 조금씩 길게 늘리는 연습입니다.

忙

他忙

他很忙

他忙不过来

他真的忙不过来(그는 정말로 바쁘다.)

(2) 生死 是 天 注定的。(생사는 하늘에 달렸다.)

婚姻(혼인) 命中(운명)

当官(관료) 老天(하늘)

■ 보충단어

毛病 máobìng 결점 招待 zhāodài 접대하다

연/습/문/제

※ 아래 연습문제의 정답을 이메일로 제출하세요.

(1) 밑줄 친 단어의 발음을 쓰세요.

① 过世 ② 节哀 ③ 奠仪 ④ 吊唁 ⑤ 挽回 ⑥ 安葬

(2) 다음 각 그룹에 속한 단어를 사용하여 문장을 만들어라

A	B	C
听说	金先生的父亲	太难过了。
您	您忙不过来	过世了。
如果	不要	注定的。
生死	是天	我们来帮您。

중국어와 컴퓨터

마이크로 소프트 워드의 번역

우리가 많이 사용하지 않는 마이크로 소프트의 워드2003은 중국어 한국어 번역을 제공합니다. 텍스트 번역으로 주로 짧은 단문 번역을 기계적으로 하여 보여줍니다. 순서는 아래와 같습니다.

텍스트 번역

사전을 사용하여 다른 언어 사전에서 단어와 짧은 구를 찾거나 웹의 기계 번역을 사용하여 단어, 구 또는 전체 문서를 초벌 번역할 수 있습니다. 보안 번역 서비스를 위해 텍스트를 웹으로 보내면 문서는 암호화되지 않은 HTML 형식으로 보내집니다.

① 도구 메뉴에서 리서치를 클릭합니다.
② 검색 대상 목록에서 번역을 선택합니다.
번역 서비스를 처음 사용하는 경우에는 확인을 클릭하여 사전을 설치하고 리서치 작업창에서 번역 서비스를 사용하도록 설정합니다.
③ 번역 작업에 사용되는 언어를 변경하려면 리서치 작업창의 번역에서 원하는 번역 원본 언어와 대상 언어를 선택합니다. 예를 들어 중국어를 한국어로 번역하려면 원본 목록에서 중국어(중국)를 클릭하고 대상 목록에서 한국어를 클릭합니다.
참고 : 번역 작업에 사용되는 리소스를 사용자 지정하려면 번역 옵션을 클릭한 다음 원하는 조회 옵션을 선택합니다.

④ 다음 중 하나를 실행합니다.
특정 단어를 번역하려면 Alt 키를 누르고 단어를 클릭합니다. 리서치 작업창의 번역 아래에 결과가 나타납니다.
짧은 문장을 번역하려면 문장의 단어를 선택한 다음 Alt 키를 누르고 선택한 단어를 클릭합니다. 리서치 작업창의 번역 아래에 결과가 나타납니다.
전체 문서를 번역하려면 리서치 작업창의 번역에서 전체 문서 번역 을 클릭합니다. 웹

브라우저에 문서 번역이 나타납니다.

단어나 구를 번역하려면 검색 대상 상자에 해당 단어나 구를 입력한 다음 검색을 시작합니다. 워드에서 문장을 작성하여 검색 대상 상자에 붙여넣기를 하여도 됩니다. 물론 정확한 번역은 아닙니다. 그러나 처음 공부할 때는 유용한 적도 있습니다.

참고 : 텍스트를 번역하려면 다국어에 필요한 시스템 지원 기능을 설치해야 합니다.

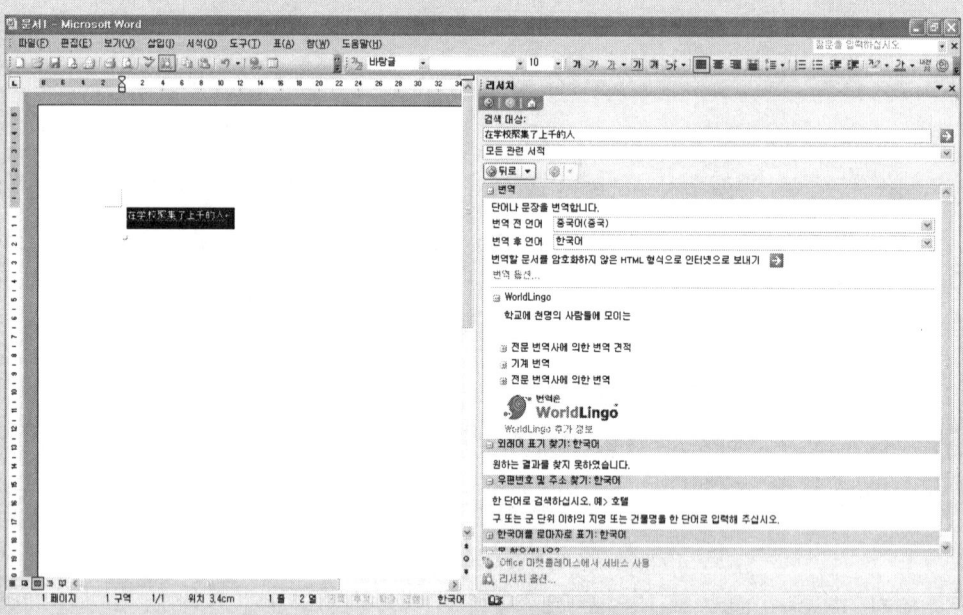

〈그림 73〉 MS 워드2003 번역 창

혹시 중국어 · 한국어에 관한 다른 번역 프로그램이 있는지 알아보세요!

많이 아는 것이 힘입니다.

제16강

문안인사와 중국어 이메일

강의목표 :
문안인사와 중국어 이메일을 익힌다.

언어는 자꾸 사용해야 합니다. 그렇지 않으면 쉽게 잊어버립니다. 자주 사용하는 방법으로 중국어로 된 책을 읽는 것과 펜팔을 하는 것이 있습니다.
지금까지 배운 중국어 실력을 동원하여 인터넷에서 이메일을 하며 중국친구를 사귀어 보세요. 진짜 중국어를 익히게 될 것입니다.

矿 kuàng								礦 쇳돌 광
状 zhuàng								狀 형상 상
构 gòu								構 얽을 구
优 yōu								優 넉넉할 우
杀 shā								殺 죽일 살
镜 jìng								鏡 거울 경
怀 huái								懷 품을 회
奋 fèn								奮 떨칠 분
践 jiàn								踐 밟을 천
盘 pán								盤 소반 반
绿 lǜ								綠 초록록
银 yín								銀 은 은
谢 xiè								謝 사례할 사
独 dú								獨 홀로 독
讨 tǎo								討 칠 토
闹 nào								鬧 시끄러울뇨

甲 ：　啊呀! 好久不见了。

乙 ：　是啊! 你这次回来要呆多久?

甲 ：　大约五天。

乙 ：　这么短吗?

甲 ：　是的, 因为那儿还有事要办。

乙 ：　尊夫人好吗?

甲 ：　嗯, 她很好。

乙 ：　孩子们都很乖吧?

甲 ：　孩子们都很听话。

乙 ：　尊夫人真贤慧。

甲 ：　怎么说?

乙 ：　她会管家, 又会带孩子。

jiǎ ：　Āyā! Hǎojiǔ bújiànle.

yǐ ：　Shìa! Nǐ zhècì huílái yàodāi duōjiǔ?

jiǎ ：　Dàyuē wǔtiān.

yǐ ：　Zhème duǎnma?

jiǎ ：　Shìde, yīnwèi nàeŕ háiyǒu shì yàobàn.

yǐ ：　Zūnfūrén hǎoma?

jiǎ ：　Ńg, tā hěnhǎo.

yǐ ：　Háizimèn dōu hěn guāiba?

jiǎ ：　Háizimèn dōu hěn tīnghuà.

yǐ ：　Zūnfūrén　zhēn xiánhuì.

jiǎ ：　Zěnme shuō?

yǐ ：　Tā huì guǎnjiā, yòuhuì dài háizi.

갑 : 정말 오래간만이야.

을 : 그래, 이번에 돌아와서 얼마나 있을 거야?

갑 : 대략 닷새정도.

을 : 그렇게 짧게?

갑 : 그래, 그곳에 아직 할 일이 남아있기 때문에.

을 : 부인은 잘 있냐?

갑 : 응, 잘 있어.

을 : 애들도 모두 착하지?

갑 : 애들이 모두 말을 잘 들어.

을 : 부인이 참 훌륭해.

갑 : 무슨 말이야?

을 : 살림도 잘하고 아이도 잘 기르니까 말이야.

■ 단어

问候 wènhòu 안부를 묻다 　　　　呆 dāi 머물다

尊夫人 zūnfūrén 부인(경어) 　　　嗯 ńg 응

乖 guāi 착하다 　　　　　　　　贤慧 xiánhuì 현명하고 어질다

管 guǎn 관리하다 　　　　　　　带 dài 양육하다

因为 yìnwèi ～때문에

■ 어법 및 해설

1. 呆

　형용사로 사용하면 "둔하다, 명하다"의 의미이고 동사로 사용하면 "체재하다"이다. 이 경우 待(dāi)와 교환하여 사용할 수 있다.

⑴ 你打算在中国呆(待)多久?

　　Nǐ dǎsuan zàiZhōngguó dāi dūojiǔ?

　　너는 중국에 얼마나 체류할 생각이냐?

⑵ 他在上海呆了三天。

　　Tā zàiShànghǎi dāile sāntiān.

　　그는 상해에서 삼일을 묵었다.

2. 有事

상당히 다양한 의미로 사용된다. 여기서는 3가지에 대해서만 알아보자

(1) 你今晚有事吗?

Nǐ jīnwǎn yǒushìma?

당신 오늘 저녁 일이 있나요?(일이 있다)

(2) 今天活该有事。

Jīntiān huógāi yǒushì.

오늘 일이 난 것은 싸다.(사건이 나다)

(3) 这里头有事。

Zhèlǐtou yǒushì.

여기에는 이유가 있다.(이유)

3. 尊夫人

아내의 높임말로 상대방의 부인을 높여 부르는 말이다. 일반적으로 太太 보다는 尊夫人 이 더 높은 말이다. 이외에도 상대의 모친을 높이는 말로 今堂, 慈堂이 있다.

4. 带孩子

带라는 동사는 다양한 의미가 있다. 일반적으로 "데리고 가다"라고 사용하면 带孩子는 "아이를 동반하다"라는 뜻이다. 그러나 본문에서는 "아이의 뒷바라지를 하다"라는 의미로 사용하였다.

(1) 他是由一位贫农大娘带大的。

Tāshì yóu yíwèi pínnóng dàniáng dàidàde.

그는 빈농의 아주머니가 길렀다.(양육하다)

(2) 我可以带多少钱?

Wǒ kěyǐ dài dūoshaoqián?

나는 돈을 얼마나 갖고 갈 수 있나요?(지니다)

(3) 星期天带孩子们去公园。

Xīnggītiān dài háizimen gù gōngyuán.

일요일에 아이를 데리고 공원에 가다(인솔하다)

5. 因为

접속사와 개사의 두 가지 용법이 있다. 중요한 단어이므로 확실하게 이해하자.

(1) 접속사 : 주로 "因为… 所以"의 형식으로 사용한다.

①"…때문에"의 의미로, 원인이나 이유를 표시한다. "因为"를 사용한 구문은 일반적으로 앞에 오고, 원인을 설명한다. 결과를 표시하는 "所以"와 함께 사용하여 인과관계를 강조한다.

因为工作忙, 所以我已经几个月没看电影了.

Yīnwèi gōngzuò máng, suǒyǐ wǒ yǐjīng jǐgèyuè méikàn diànyǐngle.

일이 바쁘기 때문에 우리는 이미 몇 달간 영화를 보지 못했다.

② 인과관계가 매우 분명하여 원인이나 결과를 강조할 필요가 없는 문장에서, "因为"와 "所以"는 모두 생략할 수 있다.

(因为)小李有病, (所以)没参加演出.

(Yīnwèi)Xiǎolǐ yǒubìng, (suǒyǐ)méi cānjiā yǎnchū.

이군(小李)은 병 때문에 연출에 참가하지 않았다.

(2) 개사용법

개사구조로, 주어의 뒤나 앞에 사용하여, 원인을 표시한다.

因为工作关系, 我们在春川住了半个月.

Yīnwèi gōngzuò guānxi, wǒmen zài Chūnchuān zhùle bàngeyuè.

일 관계 때문에 우리는 춘천에서 보름간 묶었다.

주의 : "因"과 "因为"는 동의어이지만 "因" 문어체에서 많이 사용한다.

① 他昨天因公去北京. 그는 어제 공무로 북경에 갔다.

② 他因一时疏忽造成了严重错误. 그는 한순간 소홀했기 때문에 엄중한 착오를 범했다.

③ 因剧场另有事, 演出推迟一天. 극장에 다른 일이 있어 공연을 하루 연기했다.

위의 예문 ①, ②에서 "因"은 개사이고, 그중 예문 ①은 뒤에 단음절의 단어가 왔으므로, "因为"와 교환하여 사용할 수 없지만 예문 ②는 뒤에 쌍음절의 단어가 왔으므로, "因为"와 교환하여 사용할 수 있다. 예문 ③에서 "因"은 접속사이다. 그러므로 "因为"와 교환하여 사용할 수 있다.

비교 : "由于"와 "因为"는 의미가 유사하지만 용법이 다르다. 접속사로 사용할 때,

"由于"는 "因此", "因而"과 함께 사용할 수 있지만, "因为"는 사용할 수 없다. "因为"는 후반 절에 사용할 수 있지만 "由于"는 사용할 수 없다. "由于"는 주로 문어체에서 사용하고, "因为"는 문어체나 구어에서 모두 사용할 수 있다.

■ 간체자

约(約) 尊(尊) 贤(賢)

■ 교환연습

  (1) 你这次　回来要　呆　多久?
                 住　几天?
                 办　事吗?

  (2) 她 会管　家, 又会　带　孩子
      善理　　　　　　教
      经管　　　　　　养

■ 보충단어

活该 huógāi 당연하다, 고소하다　　　贫农 pínnóng 빈농
演出 yǎnchū 연출하다　　　　　　　　疏忽 shūhū 소홀하다
推迟 tuīchī 연기하다

연/습/문/제

(1) 다음 단어중에서 권설음을 골라보세요
   ① 使 ② 节 ③ 尊 ④ 交 ⑤ 人 ⑥ 子

(2) 다음 문장의 어순을 정리하여 보세요
   ① 你, 要呆, 这次回来, 多久?
   ② 他是, 一位贫农大娘, 由, 带大的。
   ③ 在上海, 他, 三天, 呆了。

※ 연습문제의 정답을 이메일로 제출하세요
  파일명은 여러분의 이름과 학번으로 하세요.

중국어 메일 연습

중국어로 이메일을 읽고 보내는 방법은 여러 가지가 있지만 네티즌이 쉽게 사용할 수 있는 방법을 소개하겠습니다.

1. 아웃룩 익스프레스와 IME를 사용하여 이메일 읽기

중국어 메일을 읽기 위하여 아웃룩 익스프레스를 실행한 다음 "받은 편지함"을 클릭하면 편지함이 나오고 메뉴에서 아래 그림과 같이 "인코딩>추가>중국어 간체(GB2312)"를 선택합니다. 단순히 이렇게 하면 중국어 간체 이메일을 읽을 수 있습니다. 쉽지요.

〈그림 74〉 아웃룩 중국어 인코딩

중국어로 이메일을 보내는 것도 이렇게 인코딩한 상태에서 본문을 글로벌 IME로 만들어 보내면 상대방이 읽을 수 있습니다. 만약 중국어 간체를 선택하지 않고 한국어 상태로 보내면 상대방의 컴퓨터에 보낸 사람의 편지가 깨져서 나오겠지요.

*주의 – 마우스 포인터를 본문에 놓고 클릭해야 IME를 실행할 수 있습니다.

2. 중국 인터넷 사이트에 가입하여 이메일을 이용하는 방법

앞에서 소개한 아웃룩은 세계적으로 널리 통용되는 이메일이므로 중국과 한국에서도 사용하는 사람이 다수입니다. 그러나 혹은 이것을 사용하지 않을 경우도 있지요. 즉 중국인은 중국어 이메일만을 사용할 수 있습니다. 이것은 우리가 다음 한메일을 많이 사용하는 것과 같은 이치입니다. 이럴 경우 아예 중국 이메일에 가입하여 메일을 작성하여 보내는 것도 좋은 방법입니다.

여기서는 sohu.com에 가입하여 메일을 보내는 것을 예로 들겠습니다.

첫째 www.sohu.com에 접속하여 가입을 한다. 중국어로 가입을 注册(zhùcè)라고 한다. 그러면 sohu 통행증이라는 가입창이 아래와 같이 나온다.

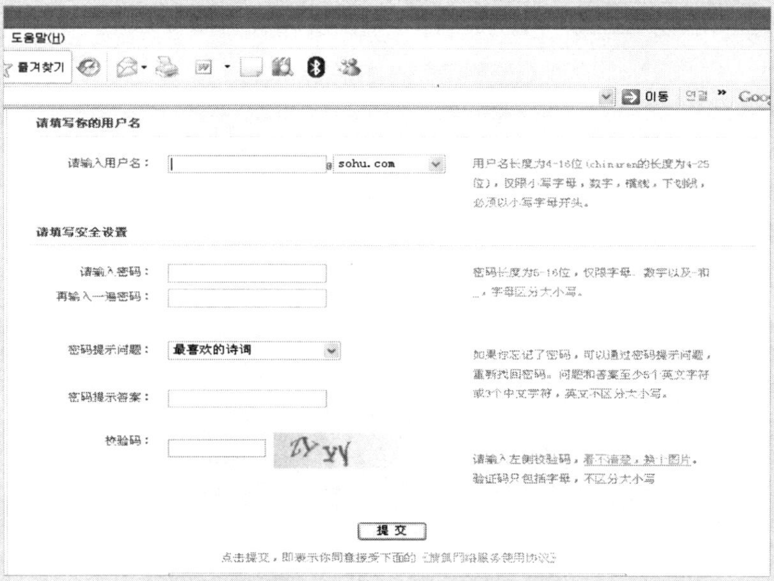

〈그림 75〉 sohu 이메일 가입창

둘째 请输入用户名(qǐng shūrù yònghùmíng)은 사용자(用户yònghù)의 ID를 말한다.

참고로 필자는 여기에 kklee2008을 입력했음. 만약 ID가 중복 등의 이유로 사용불가하면 오른쪽에 그림 ⊗이 뜨면 사용불가를 통보합니다.

셋째 请输入密码(qǐng shūrù mìmǎ)에 비밀번호(密码mìmǎ)를 입력합니다. 비밀번호

를 입력하고 밑에 또 한번 재입력함.

넷째 密码提示问题(mìmǎ tíshì wèntí)는 비밀번호를 잊었을 때 기억해내는 암호입니다. 현재는 最喜欢的诗词 내가 가장 좋아하는 시와 사로 되어 있습니다. 이 칸을 클릭하면 母亲的籍贯 즉 어머님의 본이 나옵니다. 우리는 그냥 어머니 이름 정도로 하면 될 듯.

물론 梦想的 职业(zhíyè) 즉 내가 원하는 직업도 있으니 원하는 것을 클릭하고 그냥 영어 로 기입하면 됩니다.

다섯째 마지막으로 校验码(jiào yàn mǎ)라고 화면 하단에 보이는 영어 알파벳(zyyy)을 입력합니다. 이 알파벳은 가입할 때마다 변합니다. 빠짐 없이 입력을 마쳤으면 확인에 해당하는 提交(tíjiāo) 제출을 클릭합니다.

이제 ID와 비밀번호를 입력하고 登录(dēnglù)을 클릭하면 sohu 사이트로 들어갑니다. 여기서 메일 사이트로 들어가기 위하여 중앙 창에서 "우체통으로 가기 去qù 邮件yóujiàn" 을 클릭하면 이제 정식으로 자신의 메일 사이트로 들어가게 됩니다.

〈그림 76〉 sohu.com 로그인

메일을 끝내고 나가려면 왼쪽 아래에 있는 "退出邮箱 tuíchū yóuxiāng" 즉 우체통 나가기를 클릭합니다.

중국어 이메일을 사용하면 중국인과 메일을 주고받는데 전혀 문제가 없지요. 또한 이메일 에 대한 여러 가지 용어들을 알 수 있어서 중국어 단어력 향상에 많은 도움을 줍니다. 꼭 한번 실습을 해보기 바랍니다.

〈그림 77〉 sohu의 이메일

편지를 쓰려면 <그림 77>에서 왼쪽 상단에 있는 "写信편지쓰기"를 클릭한 후 남극성이나 글로벌 IME로 편지를 쓰면 됩니다. 편지를 다 쓴 후에는 "发送발송"을 클릭하면 됩니다. 그러면 간단하게 중국어 이메일의 몇 가지 필수 단어를 알아볼까요

편지를 받는 사람은 중국어로는 收件人(수신인), 제목은 主題, 첨부파일은 添加附件이라고 합니다. 나머지는 여러분들이 스스로 클릭을 하며 알아보세요. 굳이 사전을 찾지 않아도 이런 단어들은 짐작할 수 있을 겁니다.

〈그림 78〉 sohu의 편지쓰기

중국으로 이메일을 보내기 전에 자신이 작성한 중국어 이메일이 중국에서 제대로 볼 수 있는 지 확인하는 것이 좋습니다. 위 글에서 소후컴(www.sohu.com)에 메일 계정을 만들어 확인 한 것처럼 중국에서 무료로 이메일을 제공하는 사이트를 아래에 몇 개 소개하니 여러분들도 이메일 계정을 만들어 확인을 하고 보내시기 바랍니다.

*중국의 유명한 포털 사이트는 무료 이메일 계정을 대부분 제공한다.
① 搜狐- http://www.sohu.com
② 网易- http://www.163.com
③ 서우두자이시엔- http://www.263.net 영어 일본어 한국어 버전을 제공
④ 상하이러시엔- http://www.online.sh.cn
⑤ 21시엔- http://www.21cn.com
⑥ 중화망- http://www.china.com
⑦ 天府러시엔- http://www.tfol.com/

3 단순한 방법
그냥 한글2002에서 한글을 한자로 변환시켜 한자를 입력합니다. 이때 F9키를 사용하건 간체자 입력법을 이용하건 상관없습니다. 편지를 다 쓴 후 키보드의 "프린트 스크린 (Prtsc)"키를 눌러 화면을 그대로 갈무리 했다가 그림판을 띄워 붙여 넣기 하면 그대로 찍혀서 나옵니다. 주의할 점은 글자가 그림판에서는 작게 변하므로 글자를 20폰트 정도로 크게 잡아야 합니다.
다음 그림파일 형식을 *.jpg로 저장하여 첨부파일로 보냅니다. 그림 파일이므로 절대 깨지지 않습니다.

4. 한메일을 이용하는 경우
남극성으로 타이핑을 합니다. 문서를 저장합니다. 이때 다른 이름으로 저장(save as)을 선택하여 GB text로 저장한 후 이 파일을 친구에게 첨부파일 형식으로 보냅니다. 그럼 중국 친구가 그 파일을 열어볼 때 중국인의 컴퓨터가 간체자 운영체제이므로 깨지지 않겠지요. 그런데 반대의 경우 여러분의 컴퓨터에서 중국친구의 첨부파일을 보게 되면 글자가 깨지는 경우가 있습니다. 이럴 때는 앞에서 한 중국어 간체자 인코딩을 하면 제대로 보입

니다.

한국 컴퓨터로 sohu 메일사이트에서 보낸 첨부파일을 볼 경우 下載郵件內容(첨부파일 보기)를 클릭합니다. 만약 글자가 <그림 79>와 같이 깨져서 보인다면 깨진 글자를 보기 위하여 보기 → 인코딩 → 추가 → 간체자를 클릭합니다.(<그림 80>참고)

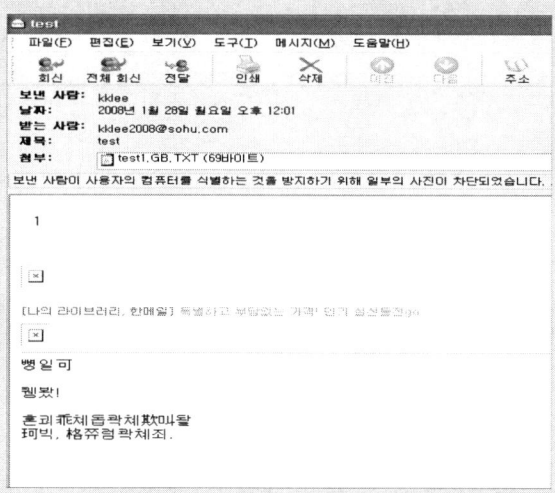

〈그림 79〉 깨진 첨부파일

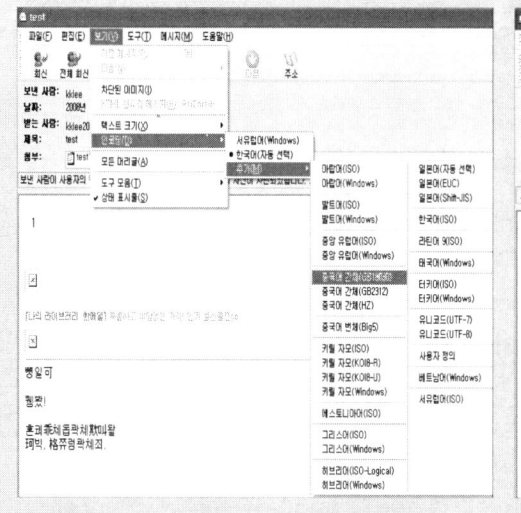

〈그림 80〉 간체자 인코딩 풀다운메뉴

〈그림 81〉 간체자로 인코딩 후

좀 귀찮기는 하지만 <그림 81>처럼 첨부파일을 볼 수 있게 되었습니다. 성공이네요

연/습/문/제

중국 포털사이트에 가입하고 중국어로 간단한 메일을 글로벌 IME나 남극성으로 작성하여 첨부파일 형식으로 선생님에게 제출하세요.
파일 이름은 학생의 학번과 이름으로 하세요.

여러분 한 학기 동안 수고 하셨습니다. 부족한 점이 많은 강의였지만 가급적 쉽게 하려고 노력했습니다. 이 강의가 여러분들의 귀중한 시간을 낭비하게 만들지 않았기를 바랍니다.

우리가 아는 바와 같이 인터넷은 변화가 빠르고 사이트의 존재가 항상 문제가 되므로 인터넷입문 중국어는 과목의 특성상 최소한 3년마다 내용을 수정해야 합니다.

그간 강의를 듣고 여러분들이 느낀 점이나 저에게 바라는 점을 적어서 이메일로 보내주시면 다음에 강의를 하는데 많은 도움이 될 것입니다. 여러분들이 공부를 하면서 느낀 점이나 바라는 것이 있으면 제안을 해주시기 바랍니다.

감사합니다.

저자 이경규

대만대학교 중문학 박사
삼국지 고사성어연구, 중국인의 감정표현법(번역), 중국사회의 구조(번역) 등 다수
2001-2004 교육방송 중국어강좌 집필 및 강의
현재 강원대학교 중문과 교수

인터넷 입문 중국어

초판인쇄 2008년 2월 25일 | **초판발행** 2008년 3월 5일
저자 이경규 | **발행** 제이앤씨 | **등록** 제7-220호

132-040
서울시 도봉구 창동 624-1 현대홈시티 102-1206
TEL (02)992-3253 | FAX (02)991-1285
e-mail, jncbook@hanmail.net | URL http://www.jncbook.co.kr

ISBN 978-89-5668-582-3 03720 | **정 가** 10,000원